Alfred Fouillée

L'Idée moderne du droit

Essai

ISBN : 978-1548600976

10 9 8 7 6 5 4 3 2 1

Alfred Fouillée

L'Idée moderne du droit

Essai

Table de Matières

I. Le droit, la force et le génie d'après les écoles allemandes contemporaines.

Chacun des trois grands peuples modernes, Allemagne, Angleterre et France, se flatte de représenter mieux que les autres par son esprit national l'esprit de l'humanité même. On avait concédé au génie français depuis le XVIIIe siècle l'honneur d'être le moins exclusivement national et le plus vraiment humain : le XVIIIe siècle s'intitulait lui-même le siècle « de la raison et des lumières, » le siècle de la liberté, le siècle de l'humanité. Aujourd'hui la prétention de l'Allemagne va plus loin : à entendre ses philosophes et ses politiques, elle ne représenterait rien moins que « l'esprit universel, l'idée absolue, » qui est aussi la puissance absolue. C'est ce que Fichte soutenait déjà avec un enthousiasme d'ailleurs si noble, — le lendemain même de nos victoires d'autrefois qui devaient amener nos défaites d'aujourd'hui, — dans ces mâles Discours à la nation allemande prononcés souvent au bruit du tambour français ; c'est ce que répétèrent plus tard Schelling, Hegel et toute son école ; c'est ce que redisent maintenant avec une confiance voisine de l'orgueil les philosophes, les théologiens, les politiques du nouvel empire.

Sous ces rivalités nationales se cachent de graves questions philosophiques et sociales. Les Allemands ne semblent pas avoir les mêmes idées que nous sur la justice, sur le droit naturel et sur le droit écrit ; l'Angleterre a aussi sur ce point ses doctrines et ses traditions. L'esprit public change donc avec les peuples, et il ne saurait être indifférent de connaître quelles conceptions se font de la société humaine ceux qui prétendent la diriger. Ne pourrait-on dire que les trois plus importantes nations de notre temps semblent vouloir se partager les diverses notions philosophiques du droit et de l'ordre social pour les développer dans la théorie et dans la pratique ? Tandis que l'Allemagne, par les spéculations de ses métaphysiciens récents et par les actes de ses politiques, paraît absorber le droit dans la force supérieure, matérielle ou intellectuelle ; tandis que l'Angleterre, par la voix de ses économistes et par sa pratique habituelle des affaires, réduit le droit à l'intérêt majeur, la France, par les doctrines de ses principaux philosophes et de ses jurisconsultes, en dépit des contradictions et des défaillances de sa politique, en dépit de ses infidélités à sa propre tradition et de ses engouements pour l'étranger, la vraie France, disons-nous, celle des Montesquieu, des Turgot, des Rousseau, celle qui aujourd'hui encore pense et espère en se souvenant de son passé, a toujours placé le fondement du droit et de la philosophie sociale dans ce qui est en même temps le principe de la philosophie morale : la raison et la liberté. De quel côté est le vrai, et quel est le peuple qui représente l'avenir ? Grave question que nous n'avons pas la prétention de résoudre. Nous voudrions seulement appeler aujourd'hui l'attention sur la manière dont l'Allemagne contemporaine se figure le monde humain : il n'est ni sans intérêt ni sans utilité de savoir où elle va et où elle doit aboutir. Que serait la société, si elle était organisée à la manière allemande ? Comment nos voisins conçoivent-ils les rapports du droit avec la force matérielle et avec cette force intellectuelle qu'on nomme le génie ? Pour essayer de l'apprendre, nous voudrions faire au-delà du Rhin un voyage de découverte ou une sorte de reconnaissance, arriver à une vue d'ensemble sur la doctrine allemande, en déterminer le point de départ, le point d'arrivée et les a évolutions » intermédiaires. Nous espérons que les lecteurs de la *Revue* voudront bien nous suivre dans des contrées où l'on a souvent beaucoup de peine à se reconnaître : ce n'est ni par la simplicité ni par la clarté que les systèmes allemands se recommandent, mais la peine qu'ils imposent à l'esprit est parfois salutaire. Nous nous estimerons heureux, pour notre part, si nous parvenons à rattacher ensemble ces systèmes multiples, à les compléter l'un par l'autre, à y ajouter ce qui pourrait y manquer, et à construire ainsi un système unique pour le livrer ensuite aux réflexions et aux appréciations du lecteur.

I

Les tendances naturelles de l'esprit germanique, un moment dominées par l'influence française à la fin du XVIIIe siècle et au commencement du XIXe, devaient bientôt reprendre le dessus et amener l'Allemagne à ce culte de la puissance qu'on remarque aujourd'hui chez ses théoriciens et ses praticiens. Pour comprendre le sens des doctrines en faveur au-delà du Rhin, il est nécessaire d'entrer d'abord, s'il est possible, dans cet esprit allemand que nous nous figurions connaître, qui nous réservait tant de surprises, et dont nous cherchons encore avec inquiétude la vraie nature. On

I. Le droit, la force et le génie d'après les écoles allemandes contemporaines.

a jugé le caractère germanique de deux façons tout opposées : les uns y reconnaissent, avec Mme de Staël, un penchant à l'idéalisme le plus mystique, les autres, avec Henri Heine, un penchant au naturalisme le plus positif [1]. L'originalité, ou, comme on dit là-bas, la « génialité » allemande ne consisterait-elle pas précisément dans cette antithèse ?

Le premier trait du caractère allemand est le mysticisme, qu'on nommait dès le XIVe siècle la philosophie teutonique, *philosophia teutonica.* « Grattez la peau d'un métaphysicien allemand, dit Schopenhauer, et vous trouverez un théologien. » Il est certain qu'on ne peut suivre le mouvement des idées philosophiques et sociales en Allemagne sans remonter à la théologie, que les Allemands mêlent à tout. Avant le cordonnier visionnaire Jacob Boehm, en qui Schelling et Hegel reconnaissent « le père de la philosophie allemande, » Luther avait déjà favorisé le développement de l'esprit mystique. — Est-ce par les œuvres ou par la foi que l'homme se justifie ? — A ce problème capital de la religion réformée, Luther répond : — Les œuvres ne sont rien, la foi est tout ; les œuvres sont naturelles et viennent de la volonté humaine, « qui est esclave et incapable de faire par elle-même le bien ; » la foi est surnaturelle et naît dans un commerce immédiat avec la grâce. — Luther a sans doute raison de vouloir s'élever au-dessus des œuvres extérieures ; mais au lieu de reconnaître entre la nature et Dieu l'activité personnelle et libre de l'homme, qui, semble-t-il, pourrait seule fonder le droit, il remonte à la foi qui nous absorbe en un principe transcendant ; après avoir rappelé la conscience à elle-même, le protestantisme allemand nie ce qu'il y a de plus précieux dans la conscience i : la volonté libre. Chez d'autres peuples, la négation du libre arbitre est une hérésie religieuse ou une témérité philosophique ; en Allemagne, pour les théologiens comme pour les savants, pour les partisans de la prédestination comme pour ceux du déterminisme, c'est le libre arbitre qui est un scandale. La piété même des femmes en est choquée. A quoi d'ailleurs servirait-il ? Il ne serait utile que pour le mal. Aussi les protestants, malgré les grands services qu'ils ont rendus à la cause même du droit, ne reconnurent-ils point d'abord l'existence d'un droit naturel, pas plus qu'ils ne reconnurent l'existence d'une morale naturelle [2]. Qu'est-ce donc que la liberté de conscience réclamée par

Luther ? Elle se réduit au devoir religieux de lire et de croire, c'est-à-dire d'entrer sans autre intermédiaire que le Livre en communication avec l'Esprit ; on pourrait l'appeler une sorte de droit à la vie mystique. Quant à la liberté civile ou politique, Luther veut qu'au besoin on la sacrifia. — « Dieu vous envoie des tyrans comme il vous donne des pères, pour vous éprouver, vous corriger, vous former. » L'indépendance religieuse de « l'homme intérieur » n'est-elle pas un ample dédommagement à la dépendance de l'homme extérieur ? Cette indifférence mystique à l'égard du droit purement humain se retrouvera de nos jours chez beaucoup de penseurs allemands. Ils ne comprennent rien à ce que la philosophie française du XVIIIe siècle appelait les « droits de l'homme ? »

Le mysticisme est toujours près de se tourner en naturalisme, et les Allemands ont passé de l'un à l'autre ; mais ils ont trouvé d'abord un intermédiaire dans ce symbolisme qui fait des choses visibles l'expression de la puissance invisible. Ici se découvre à nous un trait nouveau et curieux de la physionomie germanique : le goût des symboles, qui produira dans l'ordre des questions sociales des conséquences inattendues. La lecture de la Bible habitue l'Allemand dès l'enfance à voir partout des figures. Pour les mystiques, en dehors de la réalité absolue, rien ne peut être qu'emblème. Jacob Boehm aperçoit des images de la trinité, de l'incarnation, de la rédemption, dans tous les êtres et dans tous les phénomènes de la nature. Chacun des objets sensibles est le symbole des autres, et tous les objets sensibles pris ensemble sont le symbole de l'éternel mystère.

Transporté dans l'art, l'amour des symboles produit ce romantisme qui caractérise les œuvres du génie allemand ; dans l'étude des langues, il explique ce respect des signes et des mots, emblèmes de la pensée, qui engendre la passion philologique et en quelque sorte l'enthousiasme de l'érudition ; dans la métaphysique, il donne naissance à ces systèmes de Kant, de Schelling, de Hegel, de Schopenhauer, où se retrouvent sans cesse deux faces des choses : l'absolu mystique, « noumène » ou idée, et ses manifestations visibles dans la nature, phénomènes ou faits. C'est un symbolisme que cet « art caché en notre âme » par lequel notre pensée, d'après Kant, se représente toutes choses sous les formes de l'espace et du temps, — symbolisme, cet art déployé dans la nature par

I. Le droit, la force et le génie d'après les écoles allemandes contemporaines.

lequel l'absolu, selon Schelling, s'efforce de se révéler à sa propre conscience, « odyssée de l'esprit, qui, livré à une merveilleuse illusion, se cherchant lui-même, se fuit sans cesse lui-même, » — symbolisme, cette évolution des choses que décrit Hegel et où chaque moment est, dit-il, la manifestation incomplète de l'idée, — symbolisme enfin, ce vaste système de « représentations » par lequel la volonté, selon Schopenhauer, se donne à elle-même le spectacle décevant des formes qu'elle produit et détruit tour à tour. Pour les nouveaux Hindous des bords de la Sprée comme pour les vieux Allemands des bords du Gange, le monde entier pourrait s'appeler l'immense magie ou l'immense illusion : Maya. « La nature, dit en propres termes Schelling, est le miroir magique de l'intelligence ; » « la nature, dit Schopenhauer, est l'illusion infinie de la volonté. »

L'histoire sacrée avait toujours été représentée comme une figuration dans le temps de la puissance divine : les Allemands étendent cette conception à l'histoire qu'on nomme profane, et on peut dire que pour eux l'histoire entière est sacrée. Le développement de l'humanité comme de la nature est une expression de la nécessité suprême : les œuvres de chaque homme sont, selon Kant, des symboles de son caractère individuel ; ce caractère individuel est un symbole de l'humanité ; l'humanité est un symbole de la Divinité. Tout s'enchaîne comme les signes et les équations d'une algèbre expressive, ou comme ces accords des grandes symphonies allemandes liés si indissolublement par une science cachée, que chacun d'eux, résumant tout ce qui précède, annonce tout ce qui va suivre, et que le premier retentit encore dans le dernier.

La passion de l'histoire produit chez les Allemands une sorte d'adoration des faits accomplis et en même temps un penchant à traiter les faits de haut ; c'est que le symbole, saint par ce qu'il représente, est indifférent en soi : on le vénère, et on le dédaigne. Même esprit dans la religion. Comme les Allemands la respectent, et comme ils la façonnent au gré de leurs systèmes ! L'habitude de tout interpréter par allégories permet de demeurer fidèle à la lettre en abandonnant l'esprit. Chaque dogme religieux, pour les théologiens allemands, renferme une infinité de traductions possibles, et chaque homme y met le sens qui est le mieux en harmonie avec sa propre conscience : c'est une perspective sur l'infini où l'œil plonge plus ou moins loin selon sa portée ; tandis que l'un s'arrête aux points les plus rapprochés, l'autre voit jusqu'au fond, ou reconnaît qu'il n'y a point de fond. En Allemagne, on peut nier tout le christianisme, comme le docteur Strauss, et en enseigner les formules ou en pratiquer les rites. Il y a des degrés dans la vérité comme dans l'échelle de Jacob, et chacun occupe celui où il est capable de parvenir. On doit donc, selon Strauss, « avoir une pensée de derrière et juger par là de tout en parlant cependant comme le peuple. » Sorte de direction mystique d'intention, qui finit par s'accommoder de toutes les paroles et de tous les actes, pourvu qu'on y voie les emblèmes du divin. La morale elle-même, comme la religion, n'est qu'un ensemble de symboles relatifs par lesquels la foi se traduit en œuvres : « crois, et fais ce que tu voudras ; » — bien plus : « crois, et pense ce que tu voudras ; » — bien plus encore : « crois, et crois ce que tu voudras. »

On devine ce que produira cette manière de voir dans la vie sociale et combien elle répugne à l'idée d'un droit fixe ou inviolable. Traditions, coutumes, lois, puissances établies, — autant de symboles ; à ce titre, ils sont sacrés. On les respectera dans ses œuvres, on les dépassera dans sa foi, car il est écrit : « Tu respecteras les puissances ; » mais, pendant que le corps sera incliné devant elles, la pensée les dominera de toute la distance qui sépare l'idée du signe. Ainsi se concilieront la plus grande soumission à César et la plus grande indépendance intérieure ; on dira même en raffinant que cette soumission est précisément la marque de l'indépendance. Se mettre au-dessous de la puissance visible, c'est se mettre au-dessus. Enfin, on ira jusqu'à faire en faveur d'une institution positive un argument mystique de son absurdité même. Selon Strauss, la république est rationnellement supérieure à la monarchie, et c'est précisément pour cela, dit-il, qu'il faut préférer la monarchie. « Sans doute, il y a dans la monarchie quelque chose d'énigmatique, d'absurde même en apparence ; c'est en cela que consiste le secret de sa supériorité : tout mystère parait absurde, et pourtant sans mystère rien de profond, ni la vie, ni l'art, ni l'état. » Tel est le droit, divin de l'incompréhensible, emblème mystérieux de l'idée. Charles Vogt, dans ses lettres sur la guerre franco-allemande, constate avec étonnement « la soumission en face de la *Herrschaft*, de l'autorité, », qui caractérise les érudits les plus audacieux de l'Allemagne. Déjà Mme de Staël, sans en bien comprendre le motif, faisait une observation,

I. Le droit, la force et le génie d'après les écoles allemandes contemporaines.

analogue : « les hommes éclairés de l'Allemagne se disputent avec vivacité le domaine des spéculations, mais ils abandonnent assez volontiers aux puissants de la terre tout le réel de la vie ; l'esprit des Allemands et leur caractère paraissent n'avoir aucune communication ensemble, l'un ne peut souffrir de bornes, l'autre se soumet à tous les jougs. » N'est-ce point l'idée du symbolisme universel qui établit la communication cherchée par Mme de Staël entre l'audace mystique ou métaphysique et le traditionalisme politique ?

Les mots trop précis de la langue française sont impuissants à bien caractériser cette synthèse merveilleuse des contraires. Ce qu'on nommerait chez nous hypocrisie, mensonge, servilité dans l'obéissance, brutalité dans le commandement, devient outre-Rhin un symbole de la vérité, un degré de la vérité, un moment de la vérité. La force par exemple sera appelée le symbole du droit. Si la contradiction semble par trop choquante entre la chose et son signe, la subtilité germanique invoquera, pour la justifier, une forme originale de symbolisme très goûtée des Allemands et qu'ils appellent la forme ironique, Frédéric Schlegel et Solger ont élevé l'ironie à la hauteur d'un principe universel ; la nature, ironie divine, cache le risible sous le sérieux, et le sérieux sous le risible ou l'absurde. Il y a, dit aussi Hegel, un principe de dissimulation et de ruse dans la nature ; la sagesse prenant l'apparence de la folie, c'est la ruse de l'absolu, c'est « la ruse absolue. » Transportez cette théorie dans l'ordre social, vous donnerez de la force brutale une définition dans le goût germanique en l'appelant la ruse du droit, l'ironie du droit, la dissimulation par laquelle le droit, en se cachant, assure son triomphe. L'absolu étant ainsi rusé, dissimulé, ironique, on devine ce que pourra être la nation qui se croit en possession de l'absolu, et chez laquelle le comique et le sérieux tendent également à prendre la forme d'une ironie parfois tragique.

Il était difficile, même aux Germains, de s'en tenir à des idéalités ou à des symboles et d'abandonner à jamais le « réel de la vie. » Ils ont commencé, comme dit Jean-Paul Richter, par se contenter de l'empire de l'air, « laissant aux Français celui de la terre et aux Anglais celui de l'océan ; » mais nous savons qu'aujourd'hui la devise des Hohenzollern est devenue la leur : l'aigle noir aux ailés déployées, « du rocher à la mer. » — « Les Allemands, a dit aussi Schopenhauer, sont des hommes qui cherchent dans les nuages ce qu'ils ont à leurs pieds ; » aujourd'hui ils savent fort bien chercher à leurs pieds et terre à terre, seulement ils ont encore soin de s'envelopper de nuages métaphysiques pour faire croire qu'ils planent dans les airs.

Cependant les plus hardis ou les plus sincères ont rejeté l'élément idéaliste pour ne conserver que le positif : le principe absolu était tellement inintelligible qu'on devait finir par le nier. De là, comme dernier terme de cette évolution, un matérialisme qui est a là fois le culte théorique et le souci très pratique des choses de ce monde. A la fin se touchent les deux extrêmes : mysticité et brutalité, l'ange et la bête. On sait ce que disait il y a vingt ans Henri Heine : « cette forte race, douée d'un grand appétit, de muscles solides et d'une complexion non éthérée,… s'est réconciliée avec la nature et soupire après des mets plus solides que la chair et le sang mystiques. » Un même mot allemand n'exprime-t-il pas, selon la remarque de Fichte, l'enthousiasme de l'imagination et le débordement des mœurs : *Schwärmerei* ?

Nous entrevoyons maintenant, par cette esquisse du caractère germanique, comment la force matérielle, après avoir paru à l'idéalisme des Allemands un simple instrument et une œuvre tout extérieure du droit, a pu sembler ensuite à leur fatalisme religieux ou philosophique une réalisation nécessaire du droit, à leur goût du symbolisme une image visible du droit, et enfin comment le naturalisme contemporain, se dégageant de la vieille enveloppe mystique, devait aboutir à l'identité pure et simple de la force et du droit, ou plutôt à la primauté de la force réelle sur le « droit abstrait. »

Essayons de suivre les Allemands dans ce progrès ou, si ce terme semble peu juste, dans ce *prozess* de leurs conceptions du droit, longue série d'efforts pour construire la société tout entière sans autres éléments que des forces et sans autre loi que la nécessité. Nous passerons d'abord rapidement en revue les nombreuses doctrines qui se sont produites en Allemagne sur la philosophie du droit ; mais, tout en montrant le développement historique des idées, nous nous attacherons surtout, selon la méthode des Allemands eux-mêmes, à en découvrir le développement logique. Malgré la complexité des hommes et des théories, un mouvement commun anime les divers systèmes, les oblige à se transformer l'un

I. Le droit, la force et le génie d'après les écoles allemandes contemporaines.

dans l'autre, et les entraîne vers un idéal qu'ils ne semblent pas pouvoir atteindre.

II

« Hume, Rousseau et Spinoza, dit Hegel dans ses *Leçons sur l'histoire de la philosophie*, sont les trois points de départ de la philosophie allemande moderne… Rousseau proclama la volonté libre l'essence de l'homme. Ce principe est la transition à la doctrine de Kant, dont il est le fondement [3]. » Dans la philosophie du droit en effet, c'est d'abord l'influence française qui, avec Rousseau, domina chez Kant et chez Fichte. La doctrine si libérale exposée par Kant dans ses *Éléments métaphysiques du droit*, dont M. J. Barni nous a donné récemment une traduction nouvelle, est un développement des principes de Rousseau. Cependant on y remarque déjà la tendance allemande à traiter les questions sociales comme un problème de mécanique. En définissant le droit « l'ensemble des conditions qui limitent les libertés pour rendre possible leur accord, » Kant paraît s'en tenir à la forme extérieure et négative du droit sans nous en faire pénétrer le fond. Le droit demeure alors tout entier dans les rapports des actions, dans les œuvres ; aussi finit-il par s'identifier avec la faculté de contrainte réciproque, c'est-à-dire avec un système mécanique de forces défensives qui se font équilibre : Kant paraît moins se préoccuper des personnages que de leurs armures.

Remplir cette idée trop vide du droit et animer ce mécanisme, telle fut la pensée des successeurs de Kant. Deux voies opposées se présentaient. On pouvait, avec Fichte et avec G. de Humboldt, suivre plus ou moins librement Rousseau et les théoriciens de la révolution française, qui placent le principe intérieur du droit dans la volonté, — ou revenir à Spinoza et aux théories fatalistes, selon lesquelles le droit n'est que la nécessité réglant la nature et l'histoire. « Chacun, dit Spinoza avec Hobbes, a autant de droit qu'il a de puissance. »

Les tendances fatalistes de l'esprit germanique ne tardèrent pas à dominer l'influence française et à produire une admiration croissante pour « le grand et saint Baruch, » auquel le théologien Schleiermacher voulait qu'on immolât une boucle de cheveux.

Alfred Fouillée

Seulement, tandis que Spinoza, épris de l'immuable géométrie, avait tout vu sous l'idée de l'éternité, *sub specie œteni*, les écoles allemandes, éprises de l'histoire, voient toutes choses sous l'idée du temps.

On sait comment, le jurisconsulte Thibaut ayant publié en 1814 son livre sur la *Nécessité d'un code civil général pour l'Allemagne*, Savigny répondit par son écrit célèbre : *Vocation de notre temps pour la législation*. Ainsi commença le grand débat de l'école philosophique et de l'école historique. Celle-ci est encore aujourd'hui plus vivace que jamais en Allemagne, où elle a eu ces dernières années pour principaux représentants MM. Mommsen, Strauss et M. Bluntschli, si libéral dans ses premiers et savants ouvrages sur le Droit public universel, si admirateur de l'autorité prussienne dans ses discours à l'université de Heidelberg [4]. Selon l'école historique, le droit n'est pas une création réfléchie et libre de la volonté humaine, c'est un développement spontané et fatal des tendances d'un peuple. Les constitutions et les législations ne se créent pas, elles poussent ; il n'y a pas de droit naturel imprescriptible et inaliénable : tout droit naît de la coutume et en conséquence du temps. Le génie français, semblable à Descartes, qui prétendait reconstruire la philosophie entière par sa seule pensée, voudrait refaire la société par sa seule volonté ; il croit qu'il suffit de vouloir pour pouvoir et de décréter pour fonder : il a foi dans la puissance de l'homme. L'école historique allemande dresse devant lui, comme un obstacle, la puissance des choses. La volonté ne connaît point le temps ou espère s'en affranchir ; l'histoire la ramène sous l'empire de cette force suprême : à l'idée de révolution subite, elle oppose celle d'évolution lente ; à la liberté personnelle qui s'efforce de rompre avec le passé, elle oppose la loi de continuité et le déterminisme universel. Le droit apparaît alors comme n'étant que la puissance supérieure ; mais cette puissance ne réside ni dans la volonté morale ni dans la force physique de l'individu, choses également passagères qui ne peuvent rien fonder de durable : le droit est la force organisée par le temps, la puissance accumulée des générations. Des milliers d'animalcules, en s'unissant et en se serrant les uns contre les autres, préparent pendant des siècles au fond des eaux les continents qu'on verra surgir à la lumière. Ainsi dans la barbarie même se forme la civilisation future ; le temps est

I. Le droit, la force et le génie d'après les écoles allemandes contemporaines.

le vrai génie créateur, parce qu'il est la patience.

Quelque sagesse que renfermassent ces objections de l'école historique à la raison impatiente du mieux, elles ne pouvaient entièrement convaincre l'école philosophique. On opposait la force du temps à l'élan de la pensée ; mais le temps renferme lui-même une contradiction qui devait obliger la pensée à s'élever plus haut. Si l'infinité des siècles passés est une force avec laquelle il faut compter, l'infinité des siècles à venir n'est-elle pas une force au moins égale, sinon supérieure ? S'il ne s'agit que de durer pour avoir raison, le meilleur moyen de durer dans l'avenir ne peut-il pas être de rompre avec le passé ? L'histoire nous montre que les institutions qui ont vécu, le plus longtemps ont été souvent les plus odieuses, comme le despotisme oriental ; elle montre aussi que les grands mouvements de rénovation subite ont su conquérir la durée, que toutes les traditions ont commencé par être des nouveautés, et que toutes les nouveautés heureuses sont devenues des traditions. Il en est des grands faits historiques comme des dynasties : la légitimité dynastique n'est qu'une usurpation qui se prolonge, et l'usurpation se flatte toujours d'être une légitimité qui commence. Le temps sera donc invoqué aussi bien par les novateurs que par les conservateurs : la seule différence est que les uns, comme dit Platon, « chantent le passé, » tandis que les autres « chantent l'avenir. »

Aussi vit-on de nouveau l'école philosophique opposer la force dé l'avenir, objet de la pensée, à cette force du passé que soutenait l'école historique. Hegel, dont le système n'est plus guère enseigné nulle part, mais dont l'influence se fait partout sentir en Allemagne, crut concilier les deux écoles en identifiant le développement de l'histoire avec le développement de la pensée même, le réel avec le rationnel, le triomphe de la force supérieure avec celui de l'idée supérieure. Restait toujours à savoir quelle est cette force supérieure1 où l'idée se réalise. Hegel, la cherchant au-dessus de l'individu et des générations particulières, reconnaît tout d'abord dans la nation une puissance générale à laquelle doivent se subordonner les individus et en qui réside vraiment la force de l'avenir. La nation, par rapport aux citoyens, représente le droit. Hegel revient ainsi à cette antique conception qu'on pourrait appeler le panthéisme politique ; il rompt avec Kant, qui avait considéré l'individu comme fin en lui-même et par conséquent comme portant en lui-même ce

Alfred Fouillée

caractère d'inviolabilité morale qu'on nomme le droit. « L'homme, dit Hegel, est sans doute fin en soi et doit être respecté comme tel ; mais l'homme individuel n'est à respecter comme tel que par l'individu et non quant à l'état, parce que *l'état ou la nation est sa substance.* » Telle est la nouvelle forme de la raison d'état encore en faveur dans les universités allemandes. Il y a deux morales, pour l'individu et pour la nation : une fois dans l'état, l'homme n'a plus d'autres droits que ceux qui lui sont conférés par l'état lui-même. Les actions justes deviennent celles où « l'esprit individuel » s'identifie à « l'esprit de la nation. » On pourrait dire, pour traduire en termes moins métaphysiques la pensée de Hegel : — Les actions justes sont les forces qui agissent dans le même sens que la force nationale, les actions injustes celles qui agissent dans un sens opposé : les premières réussissent, les secondes échouent. La puissance individuelle et passagère qui prétend s'exercer contre la puissance nationale, seule durable, ressemble à un homme qui, lançant une pierre dans une direction opposée au mouvement de la terre, espérerait lui faire poursuivre indéfiniment sa route : ne la verrait-il pas bientôt, après une courbe plus ou moins allongée, retomber vaincue vers le centre commun d'attraction pour être emportée avec tout le reste ? Cet homme aurait mal compris les lois de la mécanique ; il en est d'autres qui comprennent mal les lois et le sens du mouvement national : leur erreur de direction est une erreur de droit.

Le mouvement national a lui-même sa justification dans l'évolution universelle, cette providence du panthéisme si souvent invoquée de nos jours. Si la puissance nationale est réelle, c'est qu'au fond elle est rationnelle. Selon Hegel, une nation ne s'élève sur les autres que soutenue par une idée. Tant qu'elle sert l'évolution du monde, « mouvement d'un tout qui se connaît, » les autres nations, en perdant leur force, « perdent leur droit. » Le peuple allemand en particulier est le peuple élu de la philosophie. « Nous avons reçu, disait Hegel en 1816, la mission d'être les gardiens de ce feu sacré, comme aux Eumolpides d'Athènes fut confiée la conservation des mystères d'Eleusis et aux habitants de Samothrace celle d'un culte plus pur, ainsi que l'esprit universel avait donné au peuple d'Israël la conscience que de son sein il sortirait renouvelé. »

Ce qui fait la force des individus et des générations, c'est, avons-

I. Le droit, la force et le génie d'après les écoles allemandes contemporaines.

nous vu, l'esprit national qu'ils portent en eux ; l'esprit national à
son tour ne peut devenir la force suprême qu'en s'identifiant avec
l'esprit des autres peuples : par une expansion nécessaire, il tend
à les absorber en lui. Chaque individu voudrait être la nation,
chaque nation voudrait être le monde. Nouvelle manifestation du
droit de la force : ce droit s'exerce de peuple à peuple, et le destin,
par la guerre, tranche les questions ; car le destin est une justice, et,
dans les rapports des nations entre elles comme dans les rapports
de la nation à l'individu, ce qui est réel est rationnel. « La guerre,
forme absolue du duel, vient se placer entre le meurtre et la ven-
geance : c'est le besoin de la destruction et un affranchissement nécessaire. » La destruction en effet, selon Hegel, affranchit l'être de
ses formes ou déterminations présentes, et rétablit « l'absence de
détermination » d'où sortiront des formes nouvelles. « Cette destruction s'est montrée dans toute sa sauvage beauté en Orient, où
elle avait pour représentants Tamerlan et Gengiskan, qui, comme
des balayeurs envoyés de Dieu, nettoyèrent des contrées entières. »
La guerre est une dialectique en action. Hegel, faisant d'avance la
théorie de cette brutalité même que ses compatriotes devaient plus
tard montrer à l'Europe étonnée, aboutit à ces formules bizarres :
« le fanatisme de la destruction, puisqu'il est l'élément absolu et
qu'il prend la forme naturelle, est invincible par le dehors, la différence et la détermination étant soumises à l'indifférence et à l'in-
détermination. » Heureusement Hegel nous apprend que le génie
destructeur s'anéantit lui-même par son excès : « comme toute négation en général, il contient en soi sa négation ; la marche de la
destruction naturelle vers la destruction absolue constitue la rage,
qui a sa négation en soi. »

Telle est la métaphysique de la guerre ; de nos jours, où l'on vit
encore en Allemagne sur le fonds de Hegel, on fera l'esthétique
de la guerre. En 1873, dans une leçon sur la guerre et les arts, M.
Frédéric Vischer célébrait la beauté du terrible, et allait jusqu'à présenter la guerre comme un remède aux ennuis de l'existence commune. « Je ne sais quelle inquiétude et quelle angoisse pèsent sur
la vie ; il n'est pas besoin d'être lâche pour être par moments op-
primé de lugubres appréhensions, pour démêler sous les êtres qui
nous entourent comme autant de menaces et de fantômes. » Voilà
une angoisse toute romantique et germanique, née du symbolisme

Alfred Fouillée

universel. Il y a plus d'une manière, selon M. Vischer, de secouer cette angoisse ; « l'une des plus efficaces, c'est de se mêler aux mouvements fougueux de la guerre. Celui qui ne compte plus avec la vie éprouve, au milieu des images de mort qui l'assaillent de toutes parts, un réconfort intime ; les nuages qui l'obsédaient se dissipent, et il jouit de la vie elle-même avec plus de plénitude et d'intensité. »

De leur côté, les théologiens, lecteurs assidus de l'Ancien-Testament et adorateurs du Dieu des armées, s'accordent avec les philosophes pour ériger la guerre en œuvre sainte et pour donner raison au plus fort. Les hétérodoxes, comme Strauss, ne le cèdent en rien aux autres. « Une intelligence plus profonde de l'histoire nous a appris que c'est l'instinct d'expansion des peuples qui éclate dans l'ambition des conquérants, et qu'ils ne sont que les représentants d'aspirations générales. La suppression de la guerre n'est pas moins chimérique que la suppression des orages, et ne serait pas moins dangereuse. L'*ultima ratio* des peuples sera, dans l'avenir comme par le passé, le canon. »

La théorie hégélienne de la guerre, par un progrès nouveau, ne pouvait manquer de se combiner avec la théorie germanique des races et avec le système de Darwin. A la puissance des individus, à celle du temps, à celle des peuples, succède la force des races, et par conséquent le droit des races que la lutte des nations fait surgir. Sous cette nouvelle forme, le droit de la force essaie de se justifier absolument en se révélant comme la loi de la nature entière. Pour faire le triage des espèces qui méritent la vie et de celles qui doivent périr, la nature n'a eu qu'à laisser agir à travers les longues périodes des anciens âges les lois mécaniques de la force ; cette apparente brutalité est sagesse, et cette force est droit. Les plus forts en effet ne sont-ils pas ceux qui, grâce à une supériorité naturelle ou acquise, se trouvent le mieux en harmonie avec les conditions nouvelles de l'existence, et qui, dans le mécanisme de leurs organes, ont devancé l'avenir ? Les grands arbres étouffent les petits et leur enlèvent la lumière du soleil avec la sève de la terre ; mais c'est en se nourrissant des débris de ces arbustes inférieurs qu'ils dressent de plus en plus haut leur tête, signe d'une race perfectionnée. La même loi de guerre et de sélection mécanique régit l'humanité. « Dans le monde de l'homme comme dans le monde animal, ce qui règne, dit Schopenhauer, c'est la force et non le droit… Le droit n'est que

I. Le droit, la force et le génie d'après les écoles allemandes contemporaines.

la mesure de la puissance de chacun. » M. Alexandre Ecker aboutit aux mêmes conclusions dans son étude sur la sélection naturelle appliquée aux peuples. « La dernière guerre, dit-il, nous fournit la preuve que l'histoire des nations repose également sur des lois naturelles, et se compose d'une série de nécessités absolues, série dans laquelle la balance penche toujours du côté du progrès. »

Avons-nous atteint, avec la puissance supérieure des races, le terme des évolutions accomplies par cette mouvante philosophie du « droit historique ? » — Les admirateurs des triomphes de la Prusse voudraient bien s'en tenir au point où nous sommes parvenus, et fixer à jamais la pensée dans l'idée de la race germanique, représentée par la Prusse, représentée elle-même par son empereur ; mais le mouvement irrésistible de la logique entraîne l'esprit plus loin et plus haut. Ne faut-il pas convenir qu'il existe une force supérieure à celle de la race même, celle de l'humanité ? Hommes, générations, peuples et races n'ont qu'une puissance passagère ; l'humanité est la puissance durable ; tandis que les individus, disparaissent, le type de l'espèce demeure. Ainsi, dit Schopenhauer, on voit les gouttelettes d'une cascade s'élever et retomber en poussière, tandis que l'arc-en-ciel qu'elles forment plane au-dessus d'elles immobile.

S'il en est ainsi, le droit ne saurait être simplement la direction latine, germaine ou slave ; il doit être la direction humaine. Hegel l'avait du reste reconnu, et ses disciples de la gauche, Feuerbach, Bruno Bauer, Arnold Ruge, puis, plus récemment, Lassalle et les socialistes contemporains ont poussé jusqu'au bout la pensée du maître. Dieu n'existe que dans l'humanité, et l'humanité n'a d'autre vie que la vie présente. « Que la volonté de l'homme soit faite, » voilà, comme disait Feuerbach, la loi unique ; le culte de l'humanité est le seul culte, et la force de l'humanité est le seul droit.

Dans la pratique, la force de l'humanité devient la force du plus grand nombre, et c'est au nombre, selon les démocrates de la gauche hégélienne, que l'avenir appartient. Le suffrage universel, à en croire cette école, n'est point, comme on l'admet en France, l'expression d'un droit inhérent à chaque individu par cela seul qu'il est libre et participe au contrat social : c'est un simple moyen de compter les forces avant d'en venir à la lutte. En déterminant ainsi d'avance le résultat probable du conflit, on prévient le conflit lui-même, et le traité de paix précède la guerre au lieu de la suivre.

Cependant les majorités ne sont elles-mêmes que des forces variables, qui se déplacent sans cesse. La majorité d'aujourd'hui peut être renversée non-seulement par la majorité de demain, mais par une minorité et même par un seul homme. De là encore pour le pouvoir une lutte incessante, ou les vieilles classes sociales s'efforceront de retarder l'avènement des nouvelles, où les nouvelles se diviseront à leur tour contre elles-mêmes. Le suffrage n'étant présenté que comme un substitut de la force, on en reviendra à la force toutes les fois qu'il sera nécessaire. Cette guerre des classes et non plus des races, ou le césarisme et la démocratie sont en présence, parfois alliés, finalement ennemis, a pour but de faire régner enfin un « égoïsme » sans autre droit que la force. « Que m'importe le droite disait M. Max Stirner, je n'en ai pas besoin. Ce que je puis acquérir par la force, je le possède et j'en jouis. Ce dont je ne puis m'emparer, j'y renonce, et je ne vais pas, en manière de consolation, me pavaner avec mon prétendu droit, avec mon droit imprescriptible. »

La société réduite à un système de forces où le triomphe appartient, en fait et en droit, au plus puissant ou au plus intelligent, telle est la perspective finale devant laquelle nous laissent les écoles de l'Allemagne. Le droit n'est que la force transformée, comme tous les phénomènes de la nature ne sont que du mouvement transformé. La force prime le droit, ou plutôt il n'y a pas de droit, il n'y a que des compromis ou des conflits entre les forces [5]. Le travail du jurisconsulte et du politique ne diffère pas, au fond, du travail de l'ingénieur : organisation d'une armée et organisation d'un pays, opérations militaires et lois civiles, tout est affaire de mécanique ; la mécanique, à laquelle viennent se réduire les autres sciences, est la vraie logique de la force où s'accomplit l'identité cherchée entre « le rationnel et le réel ; » elle est pour l'humanité, comme pour la nature, cette justice armée d'une balance où le poids le plus fort entraîne le plateau.

III

Nous avons suivi, avec les écoles de l'Allemagne, une voie qui aboutit soit à la lutte plus ou moins brutale des individus entre

I. Le droit, la force et le génie d'après les écoles allemandes contemporaines.

eux, soit à l'absorption de l'individu dans la nation, dans la race, dans l'humanité et finalement dans le nombre : c'est le fatalisme tour à tour anarchiste et absolutiste. Il semble alors que les objections se pressent contre cette philosophie de la force. — Ériger la force en droit, dira-t-on aux partisans des écoles allemandes, c'est l'ériger en règle ; mais une règle doit précéder et dominer les choses auxquelles on l'applique : vous au contraire, vous donnez pour règle de l'action les résultats de l'action même et le succès qu'elle attend de l'avenir. La série de ces résultats n'est jamais épuisée, et ce succès est toujours provisoire. La force est variable, et il n'y a point dans l'histoire de puissance définitivement supérieure ; dans ce mouvement sans fin, on ne sait sur quoi se fixer. — En outre le mot de droit n'a aucun sens en votre bouche, s'il n'ajoute pas à la force une idée nouvelle. De ce que vous êtes le plus fort, vous pouvez simplement conclure que vous êtes le plus fort : c'est là, comme dirait Kant, une proposition purement analytique, qui n'avance à rien ; mais vous ajoutez qu'en définitive le plus fort a raison. Cette synthèse du réel et du rationnel est-elle suffisamment justifiée ? Ne dépassons-nous pas la réalité de deux manières, par la pensée et par la volonté, en concevant et en voulant quelque chose de mieux que ce qui est ? Hegel, qui paraissait d'abord suspendre la réalité à l'idée et subordonner ainsi l'école historique à l'école philosophique, finit par soumettre l'idée à la réalité et par diviniser l'histoire. « Donner l'intelligence de ce qui est, nous dit-il, tel est le problème de toute philosophie, car ce qui est la raison réalisée. Pour dire ce que le monde doit être, la philosophie vient toujours trop tard, car, en tant qu'elle ne fait que réfléchir le monde par la pensée, elle ne peut venir qu'après que le monde est déjà formé et tout achevé. » — Il n'y a donc pas plus lieu de critiquer ou de corriger l'histoire que de corriger la nature ; c'est l'absolution implicite de toute injustice et de tout despotisme, c'est un universel optimisme comme dans Spinoza. Combien Schopenhauer et M. de Hartmann sont plus près du vrai quand ils appellent l'histoire « le rêve confus et pénible de l'humanité ! » On veut que nous nous inclinions devant le fait accompli et que nous adorions le « droit historique, » c'est-à-dire le succès ; mais l'idée, loin d'adorer le fait, le juge, et, loin de le subir, le domine. Autre chose est d'expliquer, autre chose de justifier ; de ce que toute réalité est rationnelle en

Alfred Fouillée

ce sens qu'elle a sa raison dans des causes suffisantes, il n'en résulte pas qu'elle soit rationnelle en ce sens qu'elle aurait sa raison dans une fin suffisante : les métaphysiciens allemands ne devraient pas confondre si facilement dans leurs formules la « causalité » et la « finalité. » Sous ce dernier rapport, la réalité n'est jamais entièrement rationnelle, et c'est ce qui l'oblige à un travail sans fin ; le rationnel, d'autre part, n'est jamais entièrement réel, et c'est ce qui produit la révolte incessante de la pensée contre les choses. L'histoire des idées, l'histoire intellectuelle avance toujours ; l'histoire physique et politique est toujours en retard. A quoi servirait l'intelligence, sinon à devancer les choses et à les entraîner avec elle ? Le droit n'est pas le fait, c'est l'idée en avant sur le fait et lui montrant la direction qu'il doit suivre.

Selon la remarque d'un hégélien, M. Arnold Ruge, « tout en continuant avec Kant et Fichte de proclamer la liberté la fin de l'histoire, la philosophie de Hegel vivait en paix avec tout le monde, même avec la servitude, la plus absolue ; elle se montra satisfaite de toute situation, de tout résultat actuel, le considérant comme arrivé avec nécessité. » L'exemple donné par Hegel n'a été que trop suivi en Allemagne : le fatalisme a fini par y étouffer le libéralisme.

Destruction de toute règle fixe au profit des forces variables, absorption de l'idée dans le fait et de la liberté, dans le despotisme, est-ce là pourtant le dernier mot des doctrines de l'Allemagne contemporaine ? La théorie de la force n'a-t-elle point, elle aussi, son idéal qu'elle peut opposer au fait, et où elle peut trouver, une règle de direction ? Cet idéal ne consisterait-il pas dans une certaine liberté sociale qui n'est point incompatible avec le fatalisme ? Il n'est pas sans importance pour la cause libérale, menacée aujourd'hui par l'Allemagne, de savoir si la liberté ne se recommanderait pas au point de vue même de la force, et si elle n'est point la plus grande des forces.

En ce cas, la doctrine fataliste ne serait pas encore arrivée en Allemagne à la forme définitive qu'elle revêtira dans un temps plus ou moins rapproché. Pour prévoir le développement historique d'une doctrine, il suffit d'en développer soi-même les conséquences logiques, et de hâter ainsi par la pensée l'œuvre du temps. Avant de réfuter la doctrine allemande, il faudrait d'abord la compléter, comme elle se complétera un jour elle-même ; car, si on s'arrêtait

---

I. Le droit, la force et le génie d'après les écoles allemandes contemporaines.

à moitié chemin dans les déductions, le jugement ne pourrait être définitif, et il suffirait d'un nouveau progrès de la doctrine pour remettre tout en question. Essayons donc, afin de rendre l'appréciation moins difficile, d'aller plus loin que ne sont allés encore les Allemands. Cherchons si le fatalisme dans ses dernières déductions ne tendrait pas à sortir du despotisme ou de l'anarchie pour s'élever jusqu'au libéralisme, et si la doctrine germanique de la force n'aspirerait pas ainsi à se rapprocher de la doctrine française du droit. En un mot, ne pourrait-on construire d'avance, quelque étranges que les expressions paraissent, une sorte de fatalisme libéral, et montrer que c'est là l'idéal dont les écoles allemandes seront forcées elles-mêmes de poursuivre la réalisation ? — Il restera d'ailleurs à chercher si la réalisation de ce libéralisme idéal est possible pour les écoles qui nient le droit, et si elles sont capables d'atteindre réellement ce qu'elles sont logiquement obligées de poursuivre.

L'idéal de la doctrine de la force, c'est naturellement de réaliser la plus grande puissance dans la société par une heureuse application des lois de la mécanique. Puisque la mécanique gouverne aujourd'hui le monde, demandons-lui quels sont les mécanismes les plus parfaits et les plus riches en force vive. Ne sont-ce pas ceux qui, une fois abandonnés à eux-mêmes, marchent par eux-mêmes le plus longtemps possible, et se rapprochent ainsi de l'irréalisable idéal : le mouvement perpétuel ? Pour arriver à cette perfection, il faut laisser chaque force se développer dans sa direction naturelle et propre, et n'exercer que la contrainte strictement nécessaire pour tourner le mouvement des parties au profit de l'ensemble. On obtiendra ainsi une plus grande intensité de force. Un mécanicien habile fait servir les obstacles mêmes à son but : il les respecte dans une certaine mesure, les laisse agir, puis, s'emparant de leur travail, par une combinaison ingénieuse il change en secours ce qui était une entrave, en puissance ce qui semblait une résistance. Ainsi doivent faire le jurisconsulte et le politique. L'idéal de la « mécanique sociale » nous apparaît déjà comme laissant aux individus la plus grande liberté possible ; nous prenons d'ailleurs ce mot de liberté en un sens physique, comme on dit que le mouvement d'un corps est libre lorsque ce corps peut se déplacer en toute direction.

Cette latitude laissée aux forces individuelles aurait pour résultat dans l'ordre social non-seulement une plus grande intensité, mais encore une plus grande variété d'effets, ou, comme disent les savants, une multiplication d'effets. Un rayon de lumière qui traverse un milieu de densité uniforme conserve lui-même une teinte uniforme ; mais, s'il se meut, se réfracte, se réfléchit à travers une variété de milieux, il s'épanouit et étale la diversité de ses nuances : le simple rayon est devenu un riche tableau, le point lumineux est devenu un monde. De même dans la société les rayons de lumière intellectuelle ont besoin d'un milieu varié : l'uniformité produit un état neutre et mort, la diversité et l'originalité engendrent les découvertes nouvelles, les applications nouvelles, et en un mot semblent multiplier les forces en multipliant leurs effets. Les Chinois, depuis une haute antiquité, ont fait des découvertes scientifiques dont les résultats auraient dû être innombrables, et pourtant, malgré l'invention du papier, de l'imprimerie et de la poudre, ils sont restés presqu'au même point : c'est que la lumière de la pensée a rencontré chez eux un milieu uniforme où elle n'a pu déployer le faisceau de ses conséquences et produire des changements à l'infini. Quand l'Allemagne aura réussi à trouver son unité dans le despotisme militaire, on verra s'arrêter chez elle les effets variés de la science et de l'industrie : déjà ce résultat s'y fait sentir, et c'est là une loi de mécanique sociale trop oubliée par les nations éprises d'unité. Qu'est devenu cet individualisme dont les Germains se sont longtemps enorgueillis ? Il s'absorbe de plus en plus dans leur panthéisme politique. G. de Humboldt comprenait mieux le véritable idéal lorsqu'il disait : « La seule condition désirable pour l'homme est un état où chacun jouisse de la liberté illimitée de se développer lui-même selon son caractère individuel. »

La liberté physique des forces, outre l'intensité et la variété, produit encore la stabilité. Nous nous retrouvons ici en face d'une erreur sociale qui est en même temps une erreur de mécanique. On croit généralement que l'uniformité et l'unité résistent mieux aux obstacles ; au contraire, — Goethe et le physiologiste Baer l'ont montré, — rien de plus fragile et de plus instable qu'un tout uniforme : comme il se trouve au milieu d'influences variées et qu'il n'a point en lui-même une variété capable de se mettre en harmonie avec ces influences ou de se plier aux obstacles, il est bientôt désagrégé, divisé, détruit. Les espèces d'animaux qui n'ont pas su se modifier selon les circonstances, qui s'en sont tenues à un type in-

I. Le droit, la force et le génie d'après les écoles allemandes contemporaines.

flexible, ont fatalement disparu de la surface du globe. Tels sont les peuples qui se proposent un idéal de fausse unité et qui ne veulent pas se modifier avec le progrès des siècles. Il est bon de résister, il faut aussi savoir céder, avoir réponse à tout dans ses organes. Encore une leçon de la mécanique qui a sa valeur dans l'ordre social, et que la philosophie allemande ne devrait pas négliger. La société la plus forte sous tous les rapports est la société la plus libre.

La liberté physique, qui donne aux forces sociales intensité, variété et durée, entraîne une égalité progressive qui s'impose aussi aux Allemands par des raisons toutes mécaniques. Pour assurer à un système de forces ce qu'on appelle un mouvement libre, il faut que ces forces se pressent également de toutes parts, et qu'en chacune l'action exercée contre les autres soit égale à la réaction des autres contre elle. De même, dans la sphère des forces sociales, pour obtenir le plus haut degré de puissance, il faut que la contrainte soit non-seulement aussi minime que possible, mais aussi réciproque, aussi égale que possible ; vous ne devez me contraindre, — et Kant l'a bien fait voir, — qu'aux actes auxquels je puis également vous contraindre, par exemple à ne pas m'enlever ma vie ou mes biens. Avec ce minimum de contrainte réparti également dans toute la masse du corps social, nous obtiendrons le maximum de force. Voilà l'égalité fondée à son tour sur des raisons de mécanique sociale qui sont valables à la fois pour les partisans des doctrines adverses. Allons plus loin. Si les forces libres et soumises à l'égalité par leur équilibre réciproque arrivent ensuite à se confondre dans un mouvement commun vers un but commun, cette concorde des forces deviendra pour les Allemands la manifestation mécanique de ce que les Français nomment en langage moral la fraternité. Tel est l'idéal de libéralisme auquel tendra, en se perfectionnant, l'antique doctrine du fatalisme et de la force qui séduit l'Allemagne contemporaine. Sans doute la réalisation de cet idéal ne serait encore qu'un libéralisme tout extérieur : liberté apparente, égalité apparente et surtout fraternité apparente. Au fond, ce serait toujours un équilibre fatal de forces, mais ces forces auraient du moins trouvé la meilleure manière de se mettre en harmonie et la plus parfaite imitation d'un régime de vraie liberté. Il nous reste à chercher si la réalisation de cet idéal est possible par le seul jeu physique des forces, et sans que la société ait besoin de ce principe moral qu'on

Alfred Fouillée

nomme proprement le droit. L'examen détaillé de cette question demanderait des développements trop longs, qui ne seraient guère ici à leur place ; nous nous contenterons d'appeler l'attention sur les principales difficultés auxquelles la doctrine de la force aboutit.

IV

Les législateurs et les politiques de la force, s'ils s'oublient eux-mêmes et n'ont en vue que le développement de la puissance commune, s'efforceront de réaliser, dans les lois civiles et dans les constitutions politiques, l'idéal de libéralisme que nous avons tracé tout à l'heure. De son côté, chaque citoyen, quand il se placera au point de vue général et non à son point de vue particulier, quand il pensera et agira pour ainsi dire en législateur, poursuivra le même idéal de liberté pour tous. Par malheur, le point de vue impersonnel et le point de vue personnel, le bien général et le bien particulier, peuvent se trouver en opposition ; nous savons assez que l'opposition est la loi même des forces. Quelle sera alors l'attitude de l'individu en face de la société, lorsque, bien convaincu du système fataliste, il se dira que toute idée d'un droit supérieur est une chimère ? — Là se trouve la difficulté véritable. Pour réaliser l'idéal de la société la plus forte, il faut que les individus y prêtent leur concours et y conforment leurs actions. Or, pour nous concilier le concours de l'individu, nous n'avons que trois moyens : l'obligation morale, la persuasion logique, la force physique.

Les partisans du fatalisme germanique ont renoncé à l'obligation morale en supprimant l'idée morale du droit. Le vrai sens de leur philosophie du droit, c'est qu'au fond il n'y a pas de droit, comme le vrai sens de leur morale c'est qu'au fond il n'y a pas de devoir. Ils ne pourront donc présenter l'idéal de la société la plus forte comme une fin dont la poursuite serait moralement obligatoire pour l'individu.

Est-ce par la logique qu'ils persuaderont à l'individu de se sacrifier au besoin pour cet idéal de la société ? Laisser aux autres hommes leur liberté physique, les traiter en égaux et s'unir même à eux par une fraternité apparente, c'est assurément chose logique de la part d'un individu tant qu'il se considère par abstraction comme simple partie du corps social ; mais si à un moment donné le bien

I. Le droit, la force et le génie d'après les écoles allemandes contemporaines.

général et le bien particulier se trouvent en flagrante opposition, si par exemple je suis placé entre la faim et un vol à main armée, que faudra-t-il faire ? — En général, je l'accorde, le plus sûr et le plus logique est de se régler sur le mouvement de l'ensemble ; mais actuellement je puis détourner à mon usage la force dont je dispose, et, si je ne le fais pas, je serai victime du mécanisme général. Faut-il donc, si je ne suis qu'un rouage, que je me laisse écraser entre les roues de votre grande machine plutôt que de me conserver aux dépens d'un autre rouage ? S'il n'existe que ce mécanisme matériel avec la fatalité de ses lois, pourquoi le respecter ? Selon M. Kirchmann, le respect n'est que « le sentiment d'une puissance démesurément supérieure à la nôtre : » c'est dire qu'il se réduit à la crainte ; mais, si c'est présentement ma puissance, à moi, qui peut être supérieure à la puissance d'un autre homme ou à celle de la société tout entière, que m'importe votre idéal de liberté mécanique, d'égalité mécanique, de fraternité mécanique ? Que m'importe l'avenir, où je ne serai plus, en face du présent, où je suis et où je souffre ? Dût votre machine se briser tout entière, je conserve mon mécanisme aux dépens du vôtre, et j'agis fatalement comme vous agissez fatalement. Qu'avez-vous à dire ?

Ne pouvant ni obliger moralement l'individu à respecter le droit de tous, ni le convaincre logiquement, les partisans du fatalisme germanique n'auront plus d'autre ressource, pour réaliser leur idéal social, que de contraindre physiquement l'individu à subir la force de tous. — C'est l'affaire de la société, diront-ils, que de s'assurer à elle-même le triomphe, et elle a pour cela deux moyens : d'abord établir le plus d'harmonie possible entre la force collective et la force individuelle, puis, dans les cas de collision inévitables, mettre de son côté la force dernière par une bonne police et par une bonne armée.

Sans vouloir entrer dans le détail de ces questions pratiques, on se demande quelle organisation sociale serait assez parfaite pour mettre fin à l'antagonisme des individus et de leurs intérêts. En outre comment la société demeurera-t-elle la plus forte, si chaque individu tire tout à soi, oppose une résistance sourde à ce qui exige un sacrifice quelconque de son intérêt et s'efforce de se faire seul centre du système social ? Quel mécanisme résisterait à cette force de dissolution qui travaillerait à la fois tous ses rouages ? Dans l'hypothèse allemande, la société, qui n'a jamais de droit, réel à l'égard de l'individu, n'a pas toujours la force : ne l'aura-t-elle pas de moins en moins à mesure que les individus seront plus convaincus de l'inanité même des droits et de l'unique réalité des forces ? La civilisation future, fondée exclusivement sur le jeu fatal de ces forces, ne peut être au fond que la lutte universelle devenue consciente de sa nécessité, que la barbarie universelle devenue consciente de soi. Dès que cette conscience existera dans sa pleine clarté, toute illusion de justice et de droit ayant disparu, la barbarie intérieure ne fera que s'accroître par le progrès même de la civilisation extérieure : les hommes vus du dehors fussent-ils l'un pour l'autre des agneaux, ils n'en seront pas moins au dedans, comme le croyait Hobbes, des loups, et ils redeviendront loups ouvertement toutes les fois qu'il le faudra. Chaque cité ressemblera à cette ville où, dit Montaigne, « le roi Philippus fit un amas des plus méchants hommes et incorrigibles qu'il put trouver et les logea tous. » Elle s'appela de leur nom la *cité des méchants*, Ponéropolis. « J'estime, ajoute Montaigne, qu'ils dressèrent des vices mêmes une contexture politique entre eux. » C'est une contexture analogue que réalisera la civilisation conçue à la manière allemande ; sous les dehors mêmes de la paix subsistera la guerre des égoïsmes, et l'avantage restera à celui qui aura le mieux calculé.

Ce qui se passera d'individu à individu se passera de nation à nation ; nous voilà revenus à ce que nous voulions faire cesser : il faudra se résigner, avec M. Strauss, à un état de guerre perpétuelle, sans autre justice que celle de la mécanique et des mathématiques appliquée par les ingénieurs et les tacticiens. Même conflit entre les races et entre les classes. Chaque race européenne se prétendra supérieure ; chacune s'attribuera, avec la force, le droit d'absorber les autres comme des parties dans le grand tout. La Prusse parle aujourd'hui de sa mission pangermanique ; la Russie lui répond déjà en invoquant un droit non moins sacré, le droit des races slaves et la mission panslaviste. La France, séduite à son tour par ces spéculations sur les races, et ne se doutant pas qu'on retournerait un jour contre elle la théorie, n'a-t-elle pas voulu aussi invoquer un droit particulier pour justifier des essais de conquête lointaine ? N'a-t-on pas voulu nous persuader de notre mission latine ? Par un respect plus grand de la langue que du droit, on n'a

I. Le droit, la force et le génie d'après les écoles allemandes contemporaines.

pas osé appeler cette mission de son nom véritable, un panlatinisme. De toutes ces missions, quelle est la vraie ? Le monde sera-t-il germain, latin, saxon ou slave ? Vainqueurs hier, les Latins sont aujourd'hui vaincus ; mais les Germains à leur tour peuvent être vaincus par les Slaves. Nous voilà entraînés encore dans un mouvement perpétuel, image sensible de la contradiction intérieure qui rend si instable le système de la force. Toujours à la recherche d'une puissance définitivement supérieure et d'un dernier succès, nous ne pouvons l'atteindre ni par la pensée ni par l'action, car l'histoire n'est jamais finie, et il n'y a point de dernier triomphe. Des armements croissants, un militarisme universel, un perpétuel retour à l'état de guerre primitif, une paix non moins inquiète que la guerre même, un système formidable de force armée, l'absorption de toute la richesse publique dans des moyens de défense que la science remplacerait par d'autres à mesure qu'elle les aurait inventés, — voilà l'idéal prussien dont on veut faire l'idéal humain. Est-ce l'avenir ou le passé ?

Rien de surprenant que ces sombres perspectives inspirent à la philosophie allemande la plus récente un pessimisme absolu. Le pessimisme est la conclusion naturelle du système de la force, et peut-être aussi son principe caché ; car ce système commence par nier la valeur morale de l'homme, ce qui est la misanthropie par excellence. S'il faut en croire Schopenhauer et M. de Hartmann, l'humanité a marché d'illusion en illusion, et la dernière de ses illusions est déjà réfutée : c'est l'espoir du progrès. Nous allons sans doute, dit M. de Hartmann, à la république universelle, à l'organisation du travail, à la diffusion des lumières, au règne de la science ; mais que nous sommes loin d'aller au bonheur ! L'accroissement de la population trouvera toujours sa limite dans l'accroissement des subsistances, et la misère durera toujours. La science acquerra une conscience croissante de ses limites, et l'ignorance durera toujours. L'immoralité, ou ce qu'on appelle de ce nom et qui n'est que l'inévitable égoïsme, se disséminera en se transformant, mais elle durera toujours. A notre époque, ajoute M. de Hartmann, les chemins sont plus sûrs qu'autrefois, mais l'expérience nous oblige « à tenir notre frère allemand pour un fripon jusqu'à ce qu'il ait établi son honorabilité par les preuves les plus rigoureuses, » Enfin, quand même les souffrances diminueraient matériellement, le progrès

Alfred Fouillée

des lumières ne ferait que rendre ces souffrances plus sensibles. Tel est en effet le seul progrès qui ne soit pas illusoire : il consiste dans la conscience croissante que l'existence est un mal ; c'est le progrès du pessimisme même. Quand l'humanité entière aura enfin acquis cette claire conscience, alors, par un acte de volonté unanime, elle s'anéantira elle-même ; du même coup, elle anéantira le monde, elle anéantira Dieu. Tel sera, selon M. de Hartmann, le dénouement de la tragédie universelle.

C'est en effet l'unique dénouement qui conviendrait à une société convaincue que la force est tout et que le droit n'est rien. Ce qu'un monde sans droit aurait de mieux à faire, ce serait de tourner sa force contre lui-même et de s'anéantir. Au moins en cet instant qui séparerait l'universelle vie de l'universelle mort, la justice aurait existé.

Ainsi, après ces diverses évolutions, montant et retombant sans cesse, la doctrine qui fait de la force son unique objet propose finalement comme but à la civilisation la barbarie, à la conscience l'inconscient, à toute existence le néant. Pour se résigner à ces conclusions, au moins faudrait-il être sûr du point de départ ; or quel est le principe de toute cette théorie ? Est-il évident, est-il démontré ? — Ce principe, c'est que l'idée du droit est sans objet parce que tout se réduit à des forces nécessaires et que la liberté morale, seule chose inviolable et absolument respectable, n'existe nulle part. Or, comme l'a dit Kant, en admettant qu'on n'ait jamais démontré logiquement que nous sommes libres, il est encore plus vrai qu'on n'a jamais démontré que nous ne le sommes pas. Le système tout entier n'est donc en son ensemble qu'une vaste hypothèse ; nous l'avons vue se dérouler dans la série de ses conséquences et nous la voyons maintenant se rattacher à deux principes essentiellement problématiques : négation de la liberté morale, négation du droit inhérent à cette liberté. Ajoutons une troisième hypothèse inséparable des précédentes : négation de toute moralité proprement dite. Sans doute nos voisins d'outre-Rhin parlent beaucoup de l'immoralité française : ils ont même voulu nous persuader qu'ils nous conquéraient pour nous moraliser ; mais ceux qui ont plus de clarté dans la pensée ou de sincérité dans la parole disent avec Schopenhauer et M. de Hartmann que le devoir, l'obligation et même « l'impératif catégorique » du *Vater*

I. Le droit, la force et le génie d'après les écoles allemandes contemporaines.

Kant sont des contes théologiques bons pour les enfants et pour les nourrices. Cette franchise vaut mieux que l'hypocrisie des soi-disant mystiques, et à ceux-ci on pourrait dire : Avant de prétendre nous moraliser, commencez par admettre l'existence de la moralité même, ou, si la destruction de toute moralité est le fond de votre pensée, n'essayez pas de cacher « sous le pieux manteau de Tartufe votre armure de fer. »

La négation de la moralité n'est pas seulement une conséquence du système fataliste : elle en est le principe même, et elle fait tout ensemble sa force et sa faiblesse, — sa force, car quelle réfutation logique peut atteindre celui qui se retranche dans un scepticisme moral absolu, qui reconnaît d'avance qu'un crime heureux n'est plus un crime, que la distinction du bien et du mal se réduit à la distinction du succès et de l'échec, en un mot qu'il suffit d'être le plus fort pour avoir raison, et de bien calculer pour être le plus fort ? La logique pure, en présence d'un tel système, est aussi impuissante à démontrer la moralité qu'à démontrer en face d'autres systèmes l'existence du monde extérieur. Prouvez que la nature existe, vous ne le pourrez pas : vous pouvez seulement agir comme si elle existait ; prouvez que la moralité existe, vous ne le pourrez pas davantage : vous pouvez seulement agir comme si elle existait. Les partisans du fatalisme sont inexpugnables dans leur domaine ; seulement ce qui fait leur force fait aussi leur faiblesse ; y a-t-il un principe moins évident, une hypothèse plus problématique que celle-ci : — tout se réduit à des lois physiques, et la loi morale n'existe pas ? — Au moins existe-t-elle à l'état d'idée ; au moins avons-nous la notion du devoir et du droit : on peut même dire que l'humanité a jusqu'ici vécu de cette idée. Maintenant on nous affirme que c'est une chimère : à qui incombe la preuve d'une assertion aussi énorme ? N'est-ce pas à ceux qui la font ? Or on peut défier tous les métaphysiciens de l'Allemagne réunis de donner cette preuve. Ils ne nous empêcheront donc jamais de dépasser leur système naturaliste par l'idée d'un ordre supérieur et moral, et ils ne démontreront jamais qu'une telle notion est sans objet.

Cette idée du droit est si peu celle de la force qu'elle n'éclate nulle part avec plus d'énergie qu'en présence de la faiblesse. Si le droit est une puissance, il est la puissance des faibles comme des forts. Sans doute, par cela même qu'il est le droit, il doit être au besoin la force ; mais, fût-il seul, pour notre pensée il serait encore le droit, il serait encore tout entier. Le respect du droit est si peu la crainte d'une puissance « démesurément supérieure, » qu'il est le sentiment produit par l'idée même de l'égalité ; c'est la liberté s'arrêtant devant une liberté semblable à elle et annulant l'inégalité des forces par l'égalité des droits.

Il est fâcheux pour un système d'avoir toujours au-dessus de lui une idée qui le dépasse ; or, nous venons de le voir, quelque transformation qu'on fasse subir à la force fatale, la pensée humaine concevra toujours quelque chose qui serait, non plus fatalité, mais liberté ; non plus inégalité, mais égalité ; non plus force, mais droit. Ne doit-on pas déclarer incomplet un système qui ne peut jamais fournir autant que l'esprit peut concevoir ? — Il y a plus : ce système, par une sorte de contradiction intérieure, semble travailler sans cesse contre lui-même, et les conséquences dernières de l'hypothèse allemande se retournent contre elle. Le principe de toute cette théorie a été la négation de la liberté ; la négation de l'existence en est la conclusion. Cet immense univers voué à la douleur, qui ne s'agite et ne se développe que pour se convaincre lui-même de sa radicale absurdité, et qui cherche son salut dans son propre suicide, ne satisfait pas plus la raison que la volonté et la sensibilité ; il n'est pas plus rationnel qu'il n'est moral, et, s'il n'y a de réel que ce qui est rationnel, on se demande quelle réalité peut avoir un monde que M. de Hartmann déclare produit par « la bêtise absolue. »

Ainsi la liberté morale, qui, dans l'ordre social, fonde seule le droit, est seule capable, dans l'ordre métaphysique, de donner un sens à l'existence. Entre l'hypothèse de la liberté et celle de la nécessité, entre la possibilité d'un règne du droit et la domination universelle de la force, entre l'espérance du progrès et le pessimisme absolu, entre l'intelligibilité de l'existence et sa « bêtise absolue, » c'est à chacun de choisir. Dans ce choix réside la moralité même. Chacun résout pour son propre compte ce dilemme auquel tous les autres viennent se réduire : agir comme si la justice n'était qu'un mot, ou comme si elle était la seule réalité.

I. Le droit, la force et le génie d'après les écoles allemandes contemporaines.

V

Le droit du plus fort a pour corollaire naturel le droit du plus habile et du plus intelligent. Qu'est-ce qu'une intelligence supérieure quand on fait systématiquement abstraction de la moralité ? Ce n'est plus qu'une manifestation supérieure de la force. Il y a dans le cerveau d'un homme de génie de quoi mettre en mouvement des millions d'hommes, et aucune puissance matérielle n'est comparable à cette puissance intellectuelle. Les difficultés inhérentes au droit de la force ne feront que se résumer, sous une forme plus frappante, dans la théorie allemande des droits du génie. Les nations et les races, avec les idées qu'elles représentent, se personnifient chez les grands hommes qui, par une loi providentielle selon les uns, par une sélection naturelle selon les autres, s'élèvent au-dessus de l'humanité. Dans cette application particulière de la doctrine fataliste, ne retrouverons-nous pas le même mysticisme au début, le même matérialisme à la fin ?

Que des politiques habiles s'autorisent publiquement de leur prétendue « mission providentielle » pour cacher des projets tout humains, il n'y a rien là d'étonnant ; c'est un argument toujours ancien, toujours nouveau, auquel les peuples se laissent encore prendre, auquel l'ambition ne semble pas près de renoncer. Notre société se voit menacée de périr par l'abondance des « sauveurs, » comme cet empereur romain qui disait : « Je meurs par l'abondance des médecins. » Malheureusement il s'est trouvé des philosophes pour faire l'apothéose des ambitieux qui réussissent [6]. Cette théorie, passant et repassant d'Allemagne en France, de France en Allemagne, a déjà eu d'étranges destinées. Il suffit presque, pour l'apprécier, d'en faire l'histoire et de la suivre en ses voyages : nous la verrons se contredire elle-même dans la pratique.

Selon Hegel, le grand homme, étant le symbole de l'idée, « le droit avec la force : « il peut donc considérer tout l'être humain comme une matière qu'il s'approprie, et de laquelle il crée son individualité, son corps. » Sa vie à lui-même est un fragment du « cœur immortel de la nature. » Le signe authentique du droit des génies est le succès, qui se reconnaît à la puissance, à la gloire, à la victoire. « La puissance du grand homme, dit encore Hegel, est légitime en tant qu'elle crée ou conserve les états… » — « Jamais, ajoute-t-il en donnant du *Contrat social* une interprétation dont Kant et

Fichte avaient cependant montré la fausseté, jamais les états ne se sont constitués par contrat : c'est la sublime puissance du grand homme qui les a créés. » Les autres hommes obéissent au génie sans le vouloir : leur « volonté spontanée » est la sienne, bien qu'il en soit autrement de leur « volonté réfléchie. » — « La supériorité du grand homme est de connaître la volonté absolue et de l'exprimer. » prononce le mot, et tous le répètent ; il fait le premier pas, et le monde le suit. Pourtant cette initiative du génie n'est qu'une apparence : sa force individuelle n'est que la force générale dont il est l'instrument et le symbole. « L'individu est fils de son temps, et nul individu ne peut réellement devancer son siècle. »

Dans sa *Phénoménologie*, cette « psychologie des peuples » (*Völker-psychologie*), Hegel annonçait une transformation du monde, hâtée par la venue d'un grand homme encore inconnu, mais qui aurait été « élevé dans l'école philosophique. » — « C'est ainsi que, pour l'exemple de l'humanité et pour lui donner une liberté nouvelle, Alexandre le Macédonien sortit de l'école d'Aristote afin de conquérir le monde. »

Le fondateur de l'éclectisme en France, à son retour d'Allemagne, reproduisit dans des leçons célèbres la doctrine de Hegel sur le droit des génies, à laquelle les saint-simoniens avaient déjà fait quelques emprunts. M. Cousin se contenta de substituer à l'esprit universel et à l'évolution universelle ce qu'un hégélien français a appelé les « bons vieux mots de Dieu et de la Providence. » Selon M. Cousin, dont il importe de rappeler ici les paroles, tous les grands hommes ont été plus ou moins fatalistes ; l'erreur est dans la forme et non dans le fond de leur pensée : ils sentent qu'en effet ils ne sont pas là pour leur compte. Le génie est au service d'une puissance qui n'est pas la sienne, car toute puissance individuelle est misérable, et nul homme ne se rend à un autre homme ; le peuple sert qui le sert. Le grand homme n'est que « l'instrument de ceux auxquels il commande, de ceux-là mêmes qu'il a l'air d'opprimer. » De là sa puissance et son droit, qui se reconnaissent à deux signes : le succès pendant la vie, la gloire après la mort. « Quiconque ne réussit pas n'est d'aucune utilité au monde et passe comme s'il n'avait jamais été. » — « Qu'est-ce que la gloire ? Le jugement de l'humanité sur un de ses membres ; or l'humanité a toujours raison. On peut en appeler des coteries et des partis à l'humanité ; mais de l'humanité

I. Le droit, la force et le génie d'après les écoles allemandes contemporaines.

à qui en appeler ? » M. Cousin oublie la conscience.

Par là il est entraîné à placer la grandeur la plus haute dans les conquêtes. « Quelles sont les plus grandes gloires ? En fait, ce sont celles des guerriers. Quels sont ceux qui ont laissé les plus grands noms parmi les hommes ?... Ceux qui ont gagné le plus de batailles. » Aussi toute victoire a-t-elle raison. « Il faut être du parti du vainqueur, car c'est toujours celui de la meilleure cause, celui de la civilisation et de l'humanité, celui du présent et de l'avenir, tandis que le parti du vaincu est toujours celui du passé. » M. Cousin « aime et honore assurément le dernier des Brutus ; mais Brutus représentait l'esprit ancien, et l'esprit nouveau était du côté de César. » Toute démocratie, à en croire M. Cousin, « veut, pour durer, un maître qui la gouverne ; la démocratie romaine prit le plus magnanime et le plus sage dans la personne de César. » — Telles sont les théories rapportées d'Allemagne qu'applaudissait en 1828 un immense auditoire. Les Allemands célébraient en prose et en vers cette conquête de la France par leur philosophie, et Moriz Veit disait dans un hymne à Hegel : « Lumière, lumière ! le Franc s'extasie quand tu t'approches, toi et tes pensées. Autour de toi se rassemble le meilleur et le plus noble peuple de l'Occident. »

Trente ans plus tard, M. Cousin regrettait les paroles qu'il avait prononcées, et de sa propre main il en avait effacé une partie dans ses livres. Il put les retrouver commentées et appliquées dans une *Vie de César* écrite par le césar d'alors. Là aussi était soutenue cette doctrine hégélienne du droit des grands hommes, du droit des hommes providentiels. « Mon but, disait l'auteur, est de prouver que, lorsque la Providence suscite des hommes tels que César, Charlemagne, Napoléon, c'est pour tracer aux peuples la voie qu'ils doivent suivre, marquer du sceau de leur génie une ère nouvelle et accomplir en plusieurs années le travail de plusieurs siècles. Heureux les peuples qui les comprennent et qui les suivent ! Malheur à ceux qui les méconnaissent et qui les combattent ! Ils font comme les Juifs, ils crucifient leur messie ; ils sont aveugles et coupables. » Tel fut César selon le disciple français de Mommsen. « La société romaine en dissolution demandait un maître, l'Italie opprimée sous le joug un sauveur. » Une grande cause se dressait derrière César, le poussait en avant, « et l'obligeait à vaincre en dépit de la légalité, des imprécations de ses adversaires, et du

Alfred Fouillée

jugement incertain de la postérité. » C'est ainsi que la doctrine allemande, professée en France par le philosophe, était adoptée par l'homme d'état.

On sait de quelle manière cette théorie nous est revenue d'Allemagne une seconde fois, non plus seulement comme une spéculation abstraite, mais comme une désastreuse réalité. Après nous avoir enseigné la philosophie du succès et les droits du génie, les Allemands nous en ont enseigné la pratique perfectionnée ; leur césar, lui aussi, invoquant sans cesse la Providence, s'est déclaré un homme providentiel, représentant d'une race providentielle, chargé de châtier cet autre homme providentiel, cet autre sauveur, cet autre messie qui nous avait entraînés à notre perte.

L'expérience nous a ainsi montrer la valeur de la doctrine : nous nous en étions servis pour faire l'apologie de nos conquêtes et justifier nos injustices ; nous avons vu nos sophismes se retourner contre nous. Le droit des génies, sous ses déguisements mystiques, n'est encore que le fatalisme de la force, qui aboutit historiquement à se contredire lui-même. C'est qu'il repose sur une conception inexacte de la vraie grandeur et de la vraie puissance. Hegel et ses imitateurs partent d'un principe juste dont ils ne déduisent pas les vraies conséquences. Tout génie en effet est une « merveilleuse harmonie de l'individualité et de l'universalité, » et c'est cette double force qui fait sa grandeur. Être grand, c'est être soi-même et c'est être aussi tous les autres ; c'est avoir une personnalité une physionomie originale, et porter cependant en soi quelque chose d'impersonnel où tout le monde se reconnaît ; en un mot, c'est concevoir une pensée propre qui est en même temps la pensée commune à tous. Maintenant où peut se trouver cette universalité qui fait la grandeur du génie, sinon dans l'union de l'esprit individuel avec l'esprit de l'humanité tout entière ? Hegel et ses disciples le reconnaissent d'abord ; ils n'en finissent pas moins par identifier le grand homme avec l'esprit de son temps, avec l'esprit de son pays, avec l'esprit de son peuple, choses bornées, passagères et incomplètement vraies, qu'ils érigent malgré cela en moments nécessaires de l'universelle évolution. Ils conçoivent ainsi le génie comme un homme-peuple, quand il faudrait en faire, s'il est permis de le dire, un homme-humanité. Dès lors la puissance du grand homme n'est plus que la puissance plus ou moins fragile d'une nation et d'une

I. Le droit, la force et le génie d'après les écoles allemandes contemporaines.

époque, puissance qui agit toujours dans le temps et dans l'espace, puissance qui s'y manifeste trop souvent sous une forme brutale et guerrière. Au lieu des héros du droit, on n'a plus que les héros de la force.

En même temps qu'on enlève ainsi au génie sa vraie universalité, on lui enlève sa vraie individualité. Si les grands hommes ne sont que les instruments d'une puissance nécessaire et fatale, en quoi sont-ils grands, et de quelle supériorité personnelle peuvent-ils se prévaloir ? L'épée se vante-t-elle de la puissante main qui s'en sert ? Le génie paraissait d'abord devancer son siècle ; Hegel nous dit qu'il se borne à le suivre et à terminer l'œuvre de tous. Les hommes cherchant la vérité ressemblent, selon Hegel, à des ouvriers cherchant une source : le terrain peu à peu se creuse sous les efforts de tous ; l'un d'eux, que le hasard a mis plus près de la source, s'écrie tout à coup : Voici l'eau, et il enlève le dernier obstacle. C'est le grand homme. Le lac entier se précipite sur eux et les noie en les désaltérant. — Ne faudrait-il pas dire plutôt que le grand homme est celui qui devine la source à l'endroit où personne ne l'eût soupçonnée, et qui, frappant le rocher même, l'en fait jaillir ?

Il ne faut pas s'étonner si ce fatalisme historique, qui commence par glorifier les grands hommes, finit par les réduire à un rôle misérable. On les appelle d'abord des hommes nécessaires, puis on découvre qu'ils sont des hommes superflus. Bauer prétend que, a si un Charlemagne, un Grégoire VII, n'eussent pas existé, d'autres eussent pris leur place, et sous d'autres noms, par d'autres voies, accompli finalement la même œuvre, » parce que ce qui est rationnel finit toujours par être réel. Que devient alors le droit fondé sur la nécessité des hommes qui se croient providentiels ? Ils ont beau s'intituler « les pilotes nécessaires, » sans leur secours nous arriverions également au port.

Après avoir dépouillé le grand homme de sa personnalité propre, la même théorie supprime la personnalité des autres hommes et leur enlève tous leurs droits. Pour l'instrument du destin ou de la Providence, nous ne sommes plus nous-mêmes que des instruments : il se sert de nous selon ses projets, et, au nom de la nécessité dont il est le symbole, il opprime toutes les libertés. Brutal et mystique tout ensemble, cachant le droit du plus fort sous le droit divin, le représentant de la Providence ou de l'idée « trempe, comme disait Henri Heine, son bâton de caporal dans l'eau bénite. »

On pourrait en appeler ici des hégéliens à Hegel, et de Hegel lui-même à Hegel mieux inspiré. Ce penseur en effet, dans les pages de sa *Philosophie du droit* où il est revenu à la tradition de Fichte, de Kant et de la révolution française, enseigne que « l'histoire universelle est l'histoire de la liberté, » c'est-à-dire « le récit des vicissitudes à travers lesquelles l'esprit acquiert la conscience de la liberté, qui est son essence. » Si cette liberté dont parle Hegel n'est pas un vain mot, si elle est la force supérieure et divine présente à la conscience de chaque homme et par laquelle chaque homme doit être à lui-même sa providence, les hommes vraiment providentiels et les vrais représentants de l'idée ne sont pas ceux qui oppriment cette force divine ; ce sont ceux qui la respectent, ceux qui la défendent, ceux qui par leur désintéressement la font reconnaître chez eux et la suscitent chez les autres. Il eût été digne d'un philosophe de placer la grandeur la plus haute ailleurs que dans la gloire et dans la victoire. Des hommes humbles par leur puissance matérielle ne peuvent-ils pas avoir la vraie grandeur ? Celle-ci doit consister, selon les théories mêmes de la philosophie allemande, dans ce qu'il y a de plus personnel et de plus impersonnel tout ensemble ; or une analyse exacte des conditions philosophiques de la grandeur nous apprend que ce qu'il y a de plus individuel et de plus universel, c'est l'acte de liberté par lequel on respecte la liberté des autres, et qui est le fondement moral du droit. Dans cet acte, en effet, on est vraiment soi-même par l'énergie de la volonté libre, et en même temps on se désintéresse de soi, on se rend impersonnel pour se confondre, je ne dis pas seulement avec son époque ou avec son peuple, mais avec l'humanité tout entière, bien plus, avec le véritable esprit universel, qui est la justice. La grandeur de l'objet voulu passe alors dans la volonté même. Ainsi peut s'obtenir la puissance supérieure et la dernière victoire, que la dialectique allemande cherche en vain dans la succession des forces physiques ; ainsi peut s'introduire dans le monde la seule force destinée à un succès sans revers. C'est un principe cher aux récentes écoles de l'Allemagne comme de l'Angleterre et de la France, que rien ne se perd dans la nature physique, pas même le plus léger mouvement imprimé à un corps et qui va se propageant à l'infini ; mais ne serait-il pas plus vrai encore de dire que rien ne se perd dans le

I. Le droit, la force et le génie d'après les écoles allemandes contemporaines.

monde de l'esprit, et que le libre mouvement de notre volonté vers la justice est une force impérissable ? Qui sait si cette impulsion qu'on se donne à soi-même ne se perpétue pas dans une sphère tellement supérieure aux alternatives des choses et aux vicissitudes mêmes de l'histoire que nulle force matérielle ne saurait l'anéantir ? Alors seulement on vit dans ce que Hegel nomme la sphère intérieure des choses et le cœur de la nature, « dans le vrai, dans le divin, dans l'éternel. » Alors aussi, au sein de la société humaine, par l'énergie de la volonté personnelle et par le respect du droit commun, on devient virilement son propre sauveur, et on invite les autres hommes à devenir leurs sauveurs eux-mêmes. Toutes les fois qu'un homme résout pour sa part le conflit des forces égoïstes en faveur de la justice, il s'élève philosophiquement et politiquement au rang d'homme providentiel, car il fait surgir en lui et chez les autres la vraie providence du monde, la liberté.

La supériorité des grands hommes n'est probablement elle-même qu'une volonté plus libre et une raison plus clairvoyante. Ni aussi haut ni aussi bas que le croit l'école de Hegel, ils ne sont ni les maîtres de l'humanité ni les esclaves de la fatalité : ils sont libres parmi des hommes libres. Ils ne se bornent pas à résumer l'âge qui s'en va, mais ils anticipent l'âge qui doit venir. Le génie n'est pas seulement reflet de ce qui est et patience, mais divination de ce qui doit être et initiative. La théorie de Hegel et de Bauer rappelle celle de lord Macaulay ; selon l'historien anglais, les génies seraient simplement des hommes qui se tiennent sur des lieux plus élevés et qui de là reçoivent les rayons du soleil un peu plus tôt que le reste de la race humaine. « Le soleil illumine les collines quand il est encore au-dessous de l'horizon, et les hauts esprits sont éclairés par la vérité un peu avant qu'elle ne rayonne sur la multitude : telle est la mesure de leur supériorité. Ils sont les premiers à saisir et à refléter une lumière qui, sans leur secours, n'en deviendrait pas moins visible à ceux qui sont placés bien au-dessous d'eux. » La vérité, répond avec raison Stuart Mill aux partisans de ce fatalisme historique, « ne se lève pas, comme le soleil, par son mouvement propre et sans effort humain, et il ne suffit pas de l'attendre pour l'apercevoir. Les hommes éminents ne se contentent point de voir briller la lumière au sommet de la colline, ils montent sur ce sommet et appellent le jour, et si personne n'était monté jusque-là, la lumière, dans bien des cas, aurait pu ne jamais luire sur la plaine. »

Il en est de la justice comme de la vérité : nulle évolution fatale de forces ne peut, sans la volonté humaine, faire apparaître le droit dans le monde, et cependant le monde ne peut se passer du droit. Nous avons vu dans les systèmes allemands la force de la nation succéder à celle de l'individu, la force de la race à celle de la nation, la force du nombre à celle de la race, et à celle-ci enfin la force supérieure des hommes en qui le nombre se personnifie ; mais ces diverses puissances, qui ne s'élèvent tour à tour que pour se détruire elles-mêmes, ne réaliseront point par des moyens extérieurs un idéal de justice que la moralité intérieure est seule capable de réaliser. Ce n'est pas en réduisant le droit à des « conflits de forces » ou à des « compromis entre les forces » que les races qui prétendent représenter l'humanité future la feront dès aujourd'hui reconnaître en elles, ce n'est pas en abaissant l'idée devant le fait accompli que les peuples qui se croient supérieurs se montreront en possession de l'idée ; quant aux hommes qui se disent providentiels et qui, pour aider la Providence, veulent nous entraîner par la force sur le sommet où ils se croient parvenus, ils ont une chose meilleure à faire pour nous persuader. Qu'ils nous montrent de ce sommet leur front illuminé par des clartés nouvelles, et l'humanité ne demandera pas mieux que de monter avec eux dans la lumière ; leur seul droit, c'est de nous révéler librement cette lumière de l'avenir, et de nous inviter à les suivre librement sur les hauteurs où elle brille.

Notes

1.   Voyez sur ce sujet l'étude de M. Caro dans la Revue du 1er novembre 1871.

2.   Luther, lecteur assidu de Tauler et d'Eckart, reprochait à la Morale d'Aristote, « cette pire ennemie de la grâce, » d'entretenir la « pensée impie que l'homme a une valeur personnelle. » — Voyez l'ouvrage de M. Janet : Histoire de la Science politique dans ses rapports avec la Morale, 1873.

3.   Kant avait pour Rousseau une grande prédilection. Ses biographes rapportent que la lecture de l'Emile l'attacha si fort

qu'elle le retint pendant plusieurs jours de sa promenade ordinaire. Le portrait de Rousseau était le seul qui ornât son appartement.

4.   M. Bluntschli a donné l'année dernière une importante Histoire du droit public, qui fait partie de la grande collection d'histoires et de rapports « publiée sous la protection du roi de Bavière Maximilien II, et éditée par la commission historique auprès de l'Académie royale des sciences. » C'est à cette collection qu'appartiennent l'Histoire de la philosophie allemande par M. Zeller et l'Histoire de l'Esthétique par M. Lotze.

5.   C'est là, semble-t-il, la pensée intime de M. de Bismarck, bien qu'il n'ait pas employé expressément la formule qu'on lui attribue : la force prime le droit. Cette témérité de langage eût été du reste peu compatible avec la prudence politique du ministre-président. Dans la séance du 27 janvier 1863, il y eut une discussion entre la chambre et la couronne à propos de l'usage illégal du budget par le gouvernement. M. de Bismarck, après s'être efforcé de représenter la violation des lois constitutionnelles comme une application de ces lois mêmes, laissa entendre que, si le parlement n'accordait pas les subsides, le gouvernement les prendrait. — « Un homme d'état d'une grande expérience en matière de constitution a dit que toute la vie constitutionnelle n'est qu'une suite de compromis. Que l'un des pouvoirs veuille persister dans ses propres vues avec un absolutisme doctrinaire, la série des compromis se trouve interrompue ; à leur place naissent les conflits, et, comme l'existence de l'état ne peut s'arrêter, les conflits dégénèrent en questions de force ; car celui qui a la force en main continue d'avancer dans le sens qui est le sien, parce que la vie de l'état, je le répète, ne peut s'arrêter un instant. » Le comte de Schwerin, dans sa réponse, traduisit cette théorie soi-disant constitutionnelle en ces termes : « la force prime le droit, « Le ministre-président ne pouvait accepter une formule aussi précise. « Je ne me souviens pas, répliqua-t-il, d'avoir réellement employé de pareilles expressions, et malgré les marques d'incrédulité avec lesquelles vous accueillez ma rectification, j'en appelle à votre mémoire ; si elle est aussi sûre que la mienne même, elle vous dira que j'ai simplement exprimé ce qui suit : j'ai conseillé un compromis, parce que sans cela doivent se produire des conflits, que ces conflits sont des questions de puissance, et que, la vie de l'état ne pouvant subir de temps d'arrêt, celui

Alfred Fouillée

qui se trouve en possession de la puissance serait dans la nécessité d'en user. » On sait comment M. de Bismarck en usa en effet, et de quelle manière le même parlement qui avait refusé les subsides accorda plus tard au gouvernement un bill d'indemnité pour l'illégalité de sa conduite. Le succès justifie tout. M. de Bismarck cependant tenait à se délivrer de la formule devenue populaire dans laquelle on avait résumé sa théorie et sa pratique. « Je me permets, dit-il dans la séance du 12 mars 1869, de rappeler que la fameuse maxime : la force prime le droit, dont je ne me suis jamais servi, est sortie de la bouche de M. le préopinant (le comte de Schwerin). » Ce dernier répondit qu'il n'avait pas voulu mettre dans la bouche du comte de Bismarck la maxime en question ; il s'était borné à dire que les paroles prononcées par le ministre-président « culminaient dans cette idée que la force prime le droit, » et il maintenait encore aujourd'hui une telle interprétation. — Il faut croire que M. de Bismarck avait à cœur de se disculper, car il revint encore sur ce sujet dans la séance du 1er avril 1870. « Ces mots ne sont pas plus sortis de ma bouche que celui de la force prime le droit, et autres inventions semblables. C'est vraiment un tort, suivant moi, que de prendre à l'égard des paroles dites par le représentant du gouvernement fédéral cette liberté de leur faire subir de petites, je ne dirai pas falsifications, mais exagérations, comme on le fait pour les paroles d'autres collègues, lesquelles n'ont pas autant de poids en Allemagne et à l'étranger. » Même rectification dans la séance du 1er avril 1871. — Ce qui nous intéresse ici en définitive, c'est de savoir quelle théorie se dégage des paroles de M. de Bismarck. N'est-ce pas la suivante ? Ce qu'on appelle en France le droit et en Allemagne le droit abstrait n'existe pas, et la force supérieure avance toujours dans sa direction propre sans autre règle qu'elle-même ; si elle peut s'entendre avec les autres forces, il y a compromis ; si elle ne peut s'entendre, il y a conflit ; le gouvernement, représentant la vie de l'état et ayant en main la force, se passe au besoin de l'approbation du parlement. En deux mots : donnez-moi votre concours, et, si vous me le refusez, je passe outre. — Mais, pourra-t-on demander, si le peuple allemand, se trouvant en possession de la force et jugeant que la vie de l'état, — c'est-à-dire la sienne, — ne peut s'arrêter, en usait pour renverser le gouvernement, aurait-il à son tour le droit par cela même qu'il aurait la force

I. Le droit, la force et le génie d'après les écoles allemandes contemporaines.

? M. de Bismarck a-t-il songé à cette conséquence nécessaire de sa métaphysique politique, ou trouverait-il dans Hegel une autre thèse pour contredire la précédente ?

6.   Voyez sur ce sujet Fr. Herrenschneider, les Principes, les partis, les Napoléons ; — Foucher de Careil, Hegel et Schopenhauer ; — Ch. Renouvier, quatrième Essai de critique générale, et Année philosophique.

II. Le droit et l'intérêt d'après l'école anglaise contemporaine.

« Donnez-moi la matière et le mouvement, disait Descartes, et je referai le monde. » — « Donnez-moi le plaisir et la peine, s'écrie Bentham avec un enthousiasme semblable, et je créerai un monde moral et social : je produirai non-seulement la justice, mais encore la générosité, le patriotisme, la philanthropie, toutes les vertus aimables ou sublimes dans leur pureté et leur exaltation. » Bentham en effet, sans autres matériaux que le plaisir et la peine, sans autre règle que le calcul mathématique, a jeté les fondements de cette nouvelle science sociale dont l'achèvement a été poursuivi sous nos yeux par MM. Stuart Mill, Herbert Spencer, Austin, Sumner Maine et Grote, les uns philosophes et économistes, les autres jurisconsultes ou historiens, tous animés d'une commune pensée et d'une commune espérance. Fonder sur l'intérêt tout ce qu'on avait fait jusqu'ici reposer sur le désintéressement, demander à la pure idée de l'utile le principe d'une morale nouvelle, d'un droit nouveau, et même, comme l'indique l'ouvrage posthume de Bentham publié par Grote, d'une nouvelle religion, tel est le problème que se propose de nos jours l'école anglaise. Cette organisation de la société à venir que la France impatiente demande à la reconnaissance des droits, que l'ambitieuse Allemagne veut faire sortir du conflit des forces, l'Angleterre l'attend avec confiance du simple jeu des intérêts : retranchée dans son île comme l'individualiste dans son *moi*, elle assiste de loin aux labeurs et aux luttes d'autrui, distribuant successivement à tous les assurances de sa sympathie, sans franchir ordinairement dans sa politique les limites d'une charité bien ordonnée qui commence et finit par soi-même. Ses penseurs cependant s'élèvent à un point de vue plus général et partagent l'ardeur philanthropique de Bentham. Déjà, dans *l'Essai sur le gouvernement*, James Mill, l'ami du jurisconsulte philosophe, s'était inspiré de ses idées. John Stuart Mill encore jeune connut chez son père Bentham déjà vieux ; il s'instruisit en écoutant sa parole, se passionna en lisant ses écrits. « Quand j'eus fermé, dit-il, le second volume du *Traité de législation civile et pénale*, j'étais transformé : dès lors j'eus des opinions, une doctrine, une philosophie, et, dans l'un des meilleurs sens du mot, une religion. » Au même salon de James Mill se rencontrèrent encore et l'historien Grote, qui avait été « présenté » par Ricardo, et les deux Austin, à peu près du même âge que Stuart Mill, enfin plus tard M. Alexandre Bain. Quelle ardeur à l'étude et à la discussion, quel goût de l'analyse philosophique, quelle confiance en la rénovation sociale chez ce groupe varié d'amis qui devait former l'école utilitaire ! Que de vues désintéressées, quelle préoccupation d'autrui chez ces hommes qui ne parlaient que d'intérêt et qui considéraient l'amour de soi comme te principe caché de tous nos sentiments ! Cette influence de Bentham en Angleterre pendant les quarante dernières années, M. Sumner Maine ne craint pas de l'appeler « immense, » et ce qui en fait le secret, ajoute-t-il, « c'est que Bentham a placé sous les yeux de son pays un but distinct de progrès. » « Nous avions un but, dit à son tour Stuart Mill dans ses *Mémoires* : réformer le monde. »

Telle est la grande école anglaise dont nous voudrions exposer aujourd'hui les principes sociaux dans une étude parallèle à celle où nous avons passé en revue les écoles allemandes contemporaines [1]. Moins riche en systèmes métaphysiques et poétiques, moins féconde en métamorphoses, moins variée et moins brillante dans ses développements que la philosophie allemande, la philosophie anglaise nous semblera souvent terre-à-terre : en passant des régions de la spéculation germanique à celle de l'observation anglaise, il semble que tout s'abaisse et s'aplanit. De plus les écoles de la Grande-Bretagne, n'ayant point exercé la même influence sur les destinées de notre propre pays, nous offrent en quelque sorte un intérêt moins dramatique ; en méritent-elles moins notre attention ? sont-elles moins instructives, moins solides et même moins hardies ? ont-elles en leur apparent positivisme moins d'élévation réelle que l'idéalisme allemand ? Quoi qu'il en soit, nous essaierons de suivre à leur tour les utilitaires dans leur philosophie du droit, afin de reconnaître si la noblesse de leurs aspirations pourra s'accorder jusqu'au bout avec le caractère assez prosaïque de leurs principes, et si leurs moyens de réforme sociale, empruntés au seul domaine de l'intérêt, ne risquent pas de trahir à la fin cette cause du progrès et du libéralisme qu'ils veulent sérieusement servir.

Alfred Fouillée

I

Hobbes avait fait reposer la justice sur l'égoïsme, Adam Smith sur la sympathie ; le premier plaçait le droit dans l'intérêt du plus fort, le second dans l'intérêt de tous, « apprécié par un spectateur impartial et bienveillant. » De Hobbes et d'Adam Smith à la fois procède l'école utilitaire contemporaine, qui essaie de réconcilier leurs principes dans la philosophie sociale. Par-là cette école exprime et résume en elle avec fidélité l'esprit anglais lui-même. Tandis que le génie germanique, dans la philosophie du droit comme dans celle de l'histoire, part d'un vague idéalisme pour aboutir à un réalisme très positif, le génie anglais prend son point de départ dans l'intérêt individuel pour s'élever ensuite, en ses moments les meilleurs et les plus rares, à des doctrines de philanthropie générale. Égoïsme et sympathie, — ces deux penchants au premier abord contradictoires, — ne résument-ils pas l'esprit anglais dans son originalité, ou, si l'on veut, dans son « excentricité ? »

L'Anglais commence par être utilitaire pour son propre compte : un bien qui ne se réduirait pas à une somme de plaisirs, il ne le comprend guère. Disciple plus ou moins conscient de Bentham, toute question de morale ou de droit semble se ramener pour lui à une question d'arithmétique ou, selon l'expression du maître, de « comptabilité morale. » Comme le financier qui examine l'état de son budget, ainsi chacun, selon Bentham, sur ce grand-livre intérieur qu'il porte en soi doit faire deux colonnes, celle des avantages et celle des désavantages : on dirait qu'en Angleterre les jeunes esprits sont déjà exercés dès l'enfance à ce calcul des profits et des pertes. Les livres anglais d'éducation parlent sans cesse des avantages que la vertu apporte avec elle en cette vie et dans l'autre ; c'est d'après les conséquences qu'on y estime les actes, c'est de tous les attraits sensibles qu'on y pare la sagesse ; morale, hygiène, médecine, droit usuel, économie politique et économie domestique, tout se mêle et tout se ressemble en cette éducation, si propre à développer de bonne heure l'esprit positif de l'Anglais. La science même se fait volontiers utilitaire chez ce peuple pratique, qui veut savoir non pour savoir, mais pour agir, qui juge l'arbre au fruit, la spéculation à l'application : la science en effet, telle qu'on l'entend dans le pays de Bacon, ne s'en tient-elle pas encore trop souvent aux détails les plus prochains, les plus immédiatement saisissables, les plus prêts

II. Le droit et l'intérêt d'après l'école anglaise contemporaine.

à être « utilisés ; » ne se défie-t-elle pas de la généralisation et des vues d'ensemble qui offriraient un caractère trop universel ? Si de rares penseurs, comme M. Spencer, s'élèvent à des considérations systématiques, la plupart des savants et des philosophes, tels que M. Bain, se montrent plus purement Anglais et trahissent mieux les penchants innés à la race : goût des choses observables, amour de l'expérience et de l'induction, besoin de certitude matérielle. On amasse des faits et des exemples comme des pièces d'or ; quant aux idées générales, on ne les admet que comme des billets de banque, dont toute la valeur est d'être convertibles en numéraire [2].

Dans les principales applications de la science sociale, — droit et politique, — l'esprit anglais ne s'arrache guère à cette constante préoccupation de l'intérêt bien entendu ; qui ne connaît la répugnance des législateurs de la Grande-Bretagne pour les principes abstraits, pour les droits *a priori*, pour les constitutions rationnelles ? Le peuple anglais aime mieux s'en tenir aux intérêts les plus voisins : sa prudence se contente donc ou de la tradition, ou de réformes particulières aussi rapprochées qu'il est possible de la tradition même. Point de révolution dans la jurisprudence au nom d'idées générales et désintéressées ; la coutume suffit au praticien. Aussi, au lieu d'un code, les Anglais ont, selon l'expression de M. Maine, un monceau de coutumes. Si ténébreuse est cette législation, paraît-il, qu'ayant d'acheter un domaine il faut souvent plusieurs hommes de loi et des mois d'études pour examiner les titres du vendeur et pour ôter à l'acheteur toute crainte de chicane.

Le même esprit utilitaire dans la politique intérieure fait presque toujours préférer les compromis aux solutions : une solution est définitivement vraie ou fausse, un compromis est provisoirement utile ; la solution est de la théorie, le compromis est de la pratique. De là ces gouvernements mixtes et cette politique d'équilibre qui se recommandent surtout au nom de l'utilité. Quant à la politique extérieure, s'occuper de ses propres affaires, les seules immédiatement utiles, voilà la pratique anglaise, « non-intervention, » voilà la maxime anglaise, maxime qui serait excellente, remarque Stuart Mill dans ses *Discussions*, si elle était aussi celle de tous les autres gouvernements, mais qui, dans l'état actuel de l'Europe, peut servir à cacher sous le respect apparent du droit l'indifférence au triomphe du droit. Que cette politique en effet

Alfred Fouillée

touche trop souvent à l'égoïsme, les Français le savent pour en avoir fait plus d'une fois l'expérience. Stuart Mill et Austin, quelque utilitaires qu'ils fussent eux-mêmes, étaient choqués de cette façon étroite d'entendre l'utilité : « Austin l'aîné, dit Stuart Mill dans ses *mémoires*, avait un profond dégoût pour cette absence d'idées larges et de désirs généreux, pour ces objets mesquins vers lesquels les facultés de toutes les classes de l'Angleterre sont tendues ; même l'espèce d'intérêt public dont les Anglais se préoccupent, il le tenait en petite estime. »

Cependant ne voir chez les Anglais que la préoccupation utilitaire, ce serait méconnaître un autre trait moins accusé, mais réel, de la physionomie nationale. Les Anglais n'exagèrent-ils point eux-mêmes leur individualisme comme nous exagérons notre sociabilité ? Au fond, ils sont bienveillants, sinon toujours bienfaisants, et la tendance intéressée se complète d'ordinaire chez eux par le penchant sympathique. Ce dernier même est devenu dominant chez leurs penseurs au point de produire finalement un nouveau genre de socialisme. C'est que l'Anglais, par une induction progressive, ne peut manquer d'étendre et de prêter ses propres sentiments aux autres hommes ; il se met peu à peu à leur place, se fait utilitaire pour eux, se complaît dans leur plaisir, s'attendrit sur les blessures de leur intérêt, en un mot éprouve le contre-coup de leurs joies ou de leurs peines ; lui qui comprend si bien son amour pour soi, comment ne comprendrait-il pas à la fin, comment ne partagerait-il pas l'amour des autres pour eux-mêmes ? Grâce à cette naturelle association des idées et à ce changement spontané dans le cours des sentiments, les deux termes d'abord opposés, moi et toi, se substituent l'un à l'autre, comme on voit dans un aimant, dès que le courant change, les deux pôles s'intervertir.

Stuart Mill nous fournit un curieux exemple de ce phénomène, fréquent chez ses compatriotes. Avec quelle sincérité il confond l'utilité personnelle et l'utilité étrangère dans son interprétation inattendue de ce qu'il nomme, d'une métaphore assez anglaise, « la règle d'or de Jésus de Nazareth, *the golden rule* ! » Cette règle contient, dit-il, « tout l'esprit de la morale de l'utile... Faire aux autres ainsi que vous voudriez qu'il vous fût fait, et aimer votre prochain comme vous-même, constitue l'idéale perfection de la moralité utilitaire. » Aimer les autres, c'est simplement devenir uti-

II. Le droit et l'intérêt d'après l'école anglaise contemporaine.

litaire pour leur compte comme pour le sien. Ce qu'on aime alors
en eux, selon l'école anglaise, n'est-ce pas toujours l'intérêt, n'est-ce
pas leur cher *moi*, qu'on finit par choyer à l'égal de son moi propre ?

A force d'induire et d'étendre au loin sa sympathie pour les peines
et les plaisirs des autres, l'Anglais arrive à professer pour l'intérêt
même une sorte de culte désintéressé. Il y trouve une vérité, une
beauté supérieure, je ne sais quoi de sacré dont il fera volontiers
une religion. Voyez plutôt : Bentham et Grote veulent-ils juger la valeur de l'idée religieuse en général, ne croyez pas qu'ils
se demanderont si la religion est vraie, belle, bonne en soi. Non,
ils dresseront le « catalogue » des dommages qu'elle cause par la
croyance à une autre vie, — « souffrances sans profit, privations
inutiles, terreurs indéfinies, censure des plaisirs par des scrupules
préalables et des remords subséquents, incapacité des facultés in-
tellectuelles pour les choses utiles en cette vie, création d'une classe
sacerdotale irrémédiablement opposée aux intérêts de l'humanité,
etc. » Puis trouvant, au bout de ce compte en partie double, que
les croyances religieuses, quelles qu'elles soient, consomment plus
de plaisirs qu'elles n'en capitalisent pour un revenu incertain, ils
substitueront à ces spéculations aléatoires la recherche positive de
l'utilité privée et publique ; que dis-je ? ils érigeront cette utilité
même en une sorte de religion sociale. Fonder une « religion de
l'intérêt » qui rendrait de plus en plus inutile toute législation pénale, voilà le rêve d'Owen et de Stuart Mill [3]. Ce culte nouveau,
où se confondent l'intérêt et la sympathie, peut s'élever chez les
meilleurs esprits de l'Angleterre jusqu'à une philanthropie enthou-
siaste et même mystique. « Voici un nouveau mystique qui nous
arrive, » s'écriait Carlyle, lisant en 1831 quelques articles de Stuart
Mill sur la législation ex la politique. Plus tard, lié avec lui d'amitié :
— « Vous n'êtes pas encore, lui disait-il, un mystique conscient de
son mysticisme. » C'est un mot qu'on peut appliquer à beaucoup
d'Anglais qui se croient eux-mêmes très positifs.

Les tendances spontanées du génie britannique, fortifiées par
les réflexions de la philosophie traditionnelle en Angleterre, devaient aboutir à cette conception originale de la société qui se
développe de nos jours et qui s'oppose elle-même à la conception française des droits inaliénables. Déjà Bentham, malgré ses
préférences républicaines, s'élevait avec autant d'indignation que

Burke contre la déclaration des droits de l'homme, qu'il classait au nombre des « sophismes anarchiques. » Il se plaignait de ce que nos législateurs, « au lieu d'examiner les lois par leurs effets, » les jugent « par leur rapport avec un prétendu droit naturel. » — « Loi naturelle, droit naturel ! deux espèces de fictions ou de métaphores. » Puis, faisant allusion à la parole de Montesquieu sur les rapports nécessaires qui dérivent de la nature des choses : — « Je suis d'une indifférence absolue sur les *rapports*, les plaisirs et les peines, voilà ce qui m'intéresse… Pesez les peines, pesez les plaisirs, et selon que les bassins de la balance inclineront de l'un ou de l'autre côté, la question du tort et du droit devra être décidée. » Loin d'être une règle de désintéressement, le droit est la règle de l'intérêt même ; bien plus, par une conséquence paradoxale qui n'arrête point la logique de Bentham, un vrai désintéressement, un vrai sacrifice serait injuste et contraire au droit. Le sacrifice de l'intérêt, dit Bentham, se présente sans doute à un point de vue abstrait comme quelque chose de grand et de généreux ; mais, à vrai dire, dans l'échange du bonheur comme de la richesse, la grande question est de faire que la production s'accroisse par la circulation : « il n'est donc pas plus convenable, en économie morale, de faire du désintéressement une vertu que de faire en économie politique un mérite de la dépense. Le désintéressement peut se trouver chez des hommes légers et insouciants, mais un homme désintéressé avec réflexion, c'est ce qui heureusement est rare. Montrez-moi l'homme qui rejette plus d'éléments de félicité qu'il n'en crée, et je vous montrerai un sot et un prodigue. » Curieuse philosophie, où c'est le désintéressement qui a besoin d'être justifié ! « Il ne se *justifie* en effet, nous dit à son tour Stuart Mill, que parce qu'on peut montrer qu'en somme il y aura plus de bonheur dans le monde si l'on y cultive les sentiments qui, dans certaines occasions, font négliger aux hommes le bonheur. » C'est dire que le désintéressement doit être de l'intérêt à l'état latent, comme il existe une chaleur latente toujours prête à fournir un travail visible. D'où vient l'opposition qui semble exister si souvent entre l'intérêt et le droit ? Elle se réduit, selon MM. Stuart Mill, Bain et Spencer, à celle de l'intérêt particulier et de l'intérêt social. « Avoir un droit, dit l'auteur de l'*Utilitarianisme*, c'est avoir quelque chose dont la société doit me garantir la possession ; demande-t-on après cela pourquoi la société le doit, je ne

II. Le droit et l'intérêt d'après l'école anglaise contemporaine.

puis donner d'autre raison que l'utilité générale. » Même préoccupation exclusive de l'utile, même aversion pour les droits naturels et pour la loi naturelle chez Austin, chez M. Sumner Maine, chez presque tous les jurisconsultes de l'Angleterre.

Le dernier mot de cette école, ce serait l'absorption entière de la législation et de la politique dans l'économie sociale. S'il faut l'en croire, ce n'est point sans raison que la société s'appelle le commerce des hommes entre eux : elle est véritablement un commerce de bonheur. De même que dans l'organisme vivant tout n'est que mouvement transformé, échange de fonctions et de services, ainsi toute l'organisation sociale n'est que de l'intérêt transformé, échangé, vendu et acheté, circulant de l'un à l'autre sous forme de services mutuels, sous forme de plaisirs mutuels. Le souverain du monde, dont l'effigie devrait se trouver sur toutes les monnaies, c'est le plaisir ; l'effigie a beau être effacée, c'est en son nom que tout échange a lieu, et ce qu'on appelle le droit n'est que la loi de l'échange.

II

Les premiers qui ont entrepris la critique de la doctrine utilitaire ne l'ont guère pu voir que sous les deux aspects qu'elle avait offerts successivement dans la politique de Hobbes, anarchie au début et despotisme à la fin, guerre de tous contre tous et domination d'un seul sur tous ; mais de nos jours un mouvement nouveau entraîne la philosophie anglaise vers des régions supérieures [4]. Comme les autres grandes écoles contemporaines, l'école utilitaire veut s'élever au-dessus de l'anarchie et du despotisme. Par toutes les voies, même les plus opposées, la pensée moderne tend à un libéralisme final. La liberté, il est vrai, se voit si souvent menacée dans son progrès, qu'elle n'a point trop de tous les arguments pour se soutenir ; encore mieux vaudrait-il être libéral en vue de l'intérêt, ou même en vue de la puissance, que de méconnaître le prix de la liberté. Recueillons donc tout d'abord, puisque les Anglais nous apprennent à ne rien perdre, et réduisons en système les principales raisons que l'école utilitaire peut fournir en faveur de la cause commune.

Le but proposé par l'école anglaise à la philosophie du droit et à la science sociale tout entière n'est autre que le plus grand bonheur de la société humaine. Or, à ne parler même qu'intérêt, la première condition de cet universel bonheur n'est-elle pas l'universelle liberté ? Si par exemple, au lieu de travailleurs esclaves exploités par un maître, une société se compose de travailleurs libres qui agissent volontairement et de bon cœur, la somme de la peine est diminuée, la somme du plaisir est accrue : ainsi de toutes les institutions civiles ou politiques. Qui dit contrainte dit souffrance ; la contrainte sociale devra donc être réduite au strict nécessaire, et, comme aucune loi ne peut exister sans une contrainte, toute loi, envisagée au point de vue utilitaire, sera en elle-même un mal. Il en est de la législation comme de la médecine ; sa seule affaire est le choix des maux. Que le législateur prenne garde de surpasser le mal du délit par le mal du remède. Si toute loi confère un droit aux uns, elle impose aux autres une obligation ; si chaque droit est, au point de vue économique, une acquisition, chaque obligation est un sacrifice. Le gouvernement s'approche de la perfection, dit Bentham, à mesure que l'acquisition est plus grande et le sacrifice plus petit, d'où cette importante conséquence fort bien déduite par l'auteur du *Traité de législation civile et pénale* : il y a toujours une raison contre toute loi, et une raison qui, à défaut d'autre, serait suffisante par elle-même, « c'est qu'elle porte atteinte à la liberté. » Celui qui propose une loi doit donc prouver non-seulement qu'il existe une raison spéciale en faveur de cette loi, mais encore que cette raison l'emporte sur « la raison générale contre toute loi : » conseils pratiques d'une sagesse vraiment anglaise, et aussi vraiment universelle, que devraient méditer ceux qui mesurent le progrès du droit à l'accroissement des lois et de la réglementation.

Comme la liberté, l'égalité se recommande par des raisons d'intérêt. Puisque la contrainte de la loi est encore aujourd'hui un mal nécessaire, du moins faut-il qu'elle soit parfaitement réciproque. Alors en effet chacun ne sacrifiera de sa liberté au profit des autres qu'une partie absolument égale à celle qu'un autre sacrifie à son profit ; le chiffre de la perte et celui du profit se balanceront, et il y aura équilibre entre le doit et l'avoir. Bien plus, il y aura profit : tous faisant le même sacrifice pour moi, je serai ainsi respecté et protégé par tous, j'aurai à mon service la force de tous. Le plus grand intérêt est donc la plus grande égalité des libertés.

Libres et égaux, comment les individus ne reconnaitraient-ils pas

II. Le droit et l'intérêt d'après l'école anglaise contemporaine.

l'utilité supérieure de l'action en commun dans ce que Bentham appelait « la grande entreprise sociale ? » Au lieu de chercher directement et exclusivement leur bonheur propre, ils chercheront le bonheur de l'humanité, trésor où chacun trouve d'autant plus à puiser que tous y ont apporté davantage. L'individu recevra ainsi de la société infiniment plus qu'il n'aura donné lui-même. De là une universelle sympathie, un universel empressement à se rendre service, un universel échange de toutes les joies : le plus haut intérêt est la plus haute fraternité.

Telle est l'évolution libérale que la philosophie utilitaire, après avoir pris d'abord la forme anarchique et despotique, ne pouvait manquer d'accomplir tôt ou tard : l'histoire de l'école anglaise contemporaine ne fait que développer à nos yeux ce que d'avance renfermait la logique intérieure du système. Économie politique, politique, « sociologie, » cosmologie même, les utilitaires ont appelé toutes les sciences à l'aide de la cause qu'ils soutiennent. Les économistes d'abord, depuis Adam Smith, ont pris plaisir à décrire l'idéale union des intérêts soumis à une loi de libre échange ; même dans les intérêts en apparence les plus opposés ils ont entrevu une harmonie qui, pour se produire, n'a besoin que de la liberté et du temps. Voulez-vous qu'une masse d'eau agitée reprenne son niveau, le mieux est de l'abandonner à la force de gravitation qui réside en chaque molécule ; plus vous agiteriez du dehors cette masse mouvante, plus vous retarderiez le moment du calme. Que le législateur se garde donc de porter une main maladroite sur les intérêts pour les régler du dehors, comme s'ils ne renfermaient pas en eux-mêmes une gravitation naturelle qui, tôt ou tard, suffit à les mettre en équilibre. Le vrai droit ne doit être que la garantie des conditions économiques propres à assurer le libre jeu des intérêts. Ainsi parle la science utilitaire par excellence, l'économie politique.

La politique aboutit aux mêmes conséquences, que Stuart Mill a développées dans celui de ses livres qu'il croyait le meilleur, *la Liberté*. Comme il s'applaudit lui-même, et avec raison, d'y avoir mis en lumière une vérité qu'on ne saurait trop rappeler dans un siècle où l'opinion générale, de plus en plus dominante, peut devenir tyrannique ! Cette vérité, c'est que la liberté individuelle est indispensable pour introduire la variété dans les idées et dans les caractères. Il appartenait à un Anglais de faire l'éloge d'une chose où d'autres verraient facilement un défaut, l'originalité. Le bonheur, loin d'avoir pour condition l'uniformité des pensées, des actions, des sentiments, exige la diversité entre les hommes : la nature n'est féconde que par la variété de ses créations, la société ne fait de progrès que par la variété des opinions et des mœurs : nouveauté, c'est déjà presque découverte.

M. Spencer à son tour, par des raisons empruntées non-seulement aux lois de la société humaine, mais à celles de l'univers, montre que l'uniformité tue, que la diversité vivifie. Le progrès, « allant de l'homogène à l'hétérogène, » exige des différences croissantes, une croissante originalité, ou, pour donner à un vieux mot un sens nouveau, « une croissante individuation. » Pour cela, il faut que la « sphère d'activité » accordée par la loi à l'individu, et où il peut librement accomplir les mouvements les plus variés, aille s'agrandissant ; il faut aussi que les diverses sphères d'activité, pour se faire équilibre, deviennent de plus en plus égales ; il faut enfin que l'individualisme en s'étendant n'empêche point l'universelle sympathie. M. Spencer va jusqu'à concevoir un état idéal de la société qui serait l'absence de toute loi coercitive et la complète autonomie de l'individu. Codes et constitutions ne sont que des appareils de contrainte qui, en tel ou tel moment de l'histoire, font échec aux penchants égoïstes ou « antisociaux » pour assurer la prédominance des penchants sympathiques ou sociaux. Le développement de ces derniers amène graduellement la chute des institutions répressives : le besoin et le respect de l'autorité déclinent à mesure que croît le respect des droits de l'individu, « c'est-à-dire des conditions extérieures propres à assurer sa plus grande liberté d'agir. » Dans nos sociétés imparfaites, les deux forces contraires, égoïsme et sympathie, oscillent encore et se font échec : cet antagonisme s'exprime dans les ressorts plus ou moins grossiers de nos gouvernements. « Le gouvernement, dit M. Spencer poussant jusqu'au bout la pensée de Bentham, est une fonction corrélative de l'immoralité de la société. » Les institutions représentatives elles-mêmes, telles qu'elles existent dans les pays où elles sont le mieux établies, par exemple en Angleterre, ne sont encore qu'une forme politique transitoire : c'est celle qui convient à une société où les mœurs de violence et le « régime déprédatoire » qui caractérisaient les âges passés n'ont pas encore fait place aux mœurs fon-

---

II. Le droit et l'intérêt d'après l'école anglaise contemporaine.

dées sur le souci de l'intérêt général et au « régime industriel. » Le
mécanisme de la représentation nationale est celui où se balancent
le mieux les deux forces qui se disputent l'empire, l'esprit conser-
vateur et l'esprit réformateur. La puissance des sentiments conservateurs et celle des sentiments réformateurs manifestent, par leur
lutte et par leur résultante, le degré de perfection d'une société :
« le triomphe des premiers indique une prédominance des habitudes violentes et égoïstes, le triomphe des seconds prouve que les
habitudes sympathiques et le respect des droits ont acquis la pré-
pondérance. » Que cette prédominance devienne universelle, du
même coup la contrainte sociale disparaîtra ; les hommes ressen-
tiront une telle aversion pour les entraves de l'autorité et se montreront si jaloux de leurs droits que tout gouvernement deviendra
impossible en même temps qu'inutile. « Admirable exemple de la
simplicité de la nature : le même sentiment qui nous rend propres
à la liberté nous rend libres. » Selon cette philosophie du droit,
qui tend à s'absorber dans la philosophie de la nature, la société
humaine est un organisme qui sait se transformer et s'adapter à des
besoins nouveaux, comme le corps d'un animal. Voyez de quelle
manière grandit l'être vivant et comment il arrive à la plénitude
de ses puissances : le progrès continu du tout exige une certaine
fixité dans la structure des parties, mais il ne faut pas que ce qui
a d'abord favorisé la croissance en produise ensuite l'arrêt, que les
os qui soutiennent la charpente empêchent la taille de s'élever,
que les muscles qui donnent l'énergie aux organes en deviennent
les entraves, que les enveloppes protectrices du corps entier défendent au corps lui-même d'atteindre les proportions normales
et la beauté idéale de son espèce, danger constant auquel s'efforce
constamment d'échapper l'artifice de la nature ; entre les parties
dures et rigides des os, elle réserve une partie molle et flexible
par laquelle en secret la croissance continuera ; elle fait de même
pour les muscles, qu'elle ne tend pas assez pour les empêcher de
s'étendre encore ; enfin, si l'enveloppe protectrice de l'être entier ne
suit plus avec assez d'aisance les mouvements du corps même, elle
brise cette enveloppe vieillie en fragments qui se détachent pour
laisser voir l'enveloppe nouvelle. Ainsi vit et grandit la société humaine, vaste corps dont nous sommes les membres ; un certain
degré d'organisation civile et politique est nécessaire à sa crois-

sance ; plus longtemps maintenue, l'organisation s'oppose à cette croissance : tel système d'instruction qui avait précipité le mouvement des idées l'arrête, tel système de centralisation qui avait fait circuler plus facilement la vie politique en suspend le cours, tel système de lois qui avait fortifié la propriété ou la famille tend à les dissoudre, tel gouvernement qui avait protégé la nations entière devient une menace perpétuelle pour sa liberté. Ainsi de toutes les lois et de toutes les institutions, organes imparfaits que la vie a créés et que la vie doit renouveler sans relâche : la société humaine se dépouillera successivement de toutes ces enveloppes, « par une sorte de desquamation, » tout en gardant le bien qu'elle aura acquis sous leur protection momentanée. Ne marchons-nous pas en effet vers un état social où, selon les expressions de M. Spencer, l'autorité sera réduite au minimum, la liberté élevée au maximum ? Des formes intermédiaires et transitoires se succéderont encore entre les monarchies absolues des despotes de l'Orient et la démocratie finale où la nation sera le vrai corps délibérant, faisant exécuter ses volontés par des délégués chargés de mandats impératifs consentis de part et d'autre. Alors la nature humaine, « façonnée par la discipline sociale, » sera devenue « si apte à la vie en société » qu'elle n'aura plus besoin de contrainte extérieure et se contraindra elle-même, ou plutôt sera contrainte par elle-même. Le citoyen ne tolérera d'autre empiétement sur sa liberté que celui qui doit assurer à tous une liberté égale ; s'il existe encore une loi, elle ne fera que formuler les conditions sous lesquelles les individus, par des associations libres, peuvent développer l'industrie, le commerce, l'agriculture, et s'acquitter de toutes les fonctions sociales. Enfin, « au lieu d'une uniformité artificielle d'après un moule officiel, » l'humanité présentera, comme la nature, « une ressemblance générale variée par des différences infinies. » — « La moralité, dit M. Spencer, l'individuation parfaite et la vie parfaite seront en même temps réalisées dans l'homme définitif ; il est sûr que ce que nous appelons le mal et l'immoralité doit disparaître, il est sûr que l'homme doit devenir parfait : » perfection toute physique d'ailleurs, qui consistera dans « l'entière adaptation de l'individu au milieu social. » Comme l'univers, dirons-nous pour résumer cette doctrine, par l'impression accumulée des siècles et le choc répété des choses, façonne l'humanité à son image et fait descendre en elle ses propres lois, l'humanité à son tour, imprimant peu à peu dans l'homme ses formes et son organisation, finira par descendre en lui tout entière : l'individu portera en soi la société, et la société portera en soi le monde.

Bien que M. Spencer donne à l'humanité d'alors le nom de « définitive, » elle correspondra seulement à une période transitoire d'une évolution qui ne peut s'arrêter. Toujours équivalente en son fond, la nature se dépasse toujours elle-même en ses formes successives. Même après des milliers de siècles, lorsque le mécanisme qui régit le monde aura amené l'équilibre social, rien ne sera terminé : les forces éternelles agiront encore, et le germe d'une « dissolution » au début existera dans l'évolution finale. Tout recommencera donc à se mouvoir, dans un autre ordre sans doute, et pour produire de nouvelles formes, de nouvelles espèces, un nouvel univers, peut-être une nouvelle justice. Ainsi, pourrait-on dire, une danse succède à une autre, entrelaçant des poses et des mouvements variés sous les accords d'une changeante symphonie, et pourtant ce sont les mêmes personnages qui se meuvent, la même loi harmonique qui relie ces mouvements, qui enchaîne ces accords, qui soulève et emporte ce tourbillon, image de la vie.

Telle est la perspective sans fond qu'ouvrent à nos regards les spéculations les plus récentes d'une science sociale qui va se confondant avec la cosmogonie universelle. De Bentham à Stuart Mill, de Stuart Mill à M. Spencer, nous voyons la philosophie de l'intérêt, emportée comme la philosophie de la force par un mouvement irrésistible, se former peu à peu un idéal de liberté et d'égalité analogue, au moins par l'extérieur, à l'idéal dont la philosophie de la moralité propose la réalisation aux jurisconsultes et aux politiques. A cette hauteur où nous sommes parvenus et d'où nous embrassons non-seulement l'individu, mais l'humanité, non-seulement l'humanité, mais la nature, il semble qu'enfin se confondent la plus grande utilité et la plus grande justice. Ne reste-t-il point encore quelque ineffaçable différence, et ne nous sommes-nous point laissé séduire aux dehors d'une perfection sociale plus apparente que réelle ? Peut-être ; mais, réservant cette question, demandons-nous d'abord si l'idéal d'une société tout utilitaire, supposé qu'il soit désirable, est réalisable en fait, et comment les hommes agiront en attendant qu'il soit réalisé. Les utilitaires parviendront-ils à leur but par le seul jeu des intérêts, sans aucun appel à ces « principes mystiques » qu'on nomme droits ou devoirs, et que Bentham flétrissait d'un nom qui exprime à ses yeux le dernier degré de folie : « ascétisme ? »

III

Le problème des voies et moyens ne semblait pas offrir de difficulté insurmontable aux premiers utilitaires. Nourris d'Adam Smith et des économistes de son école, ils croyaient que, même dans la société présente, les intérêts bien entendus sont pour tous identiques, et qu'il n'est pas besoin de désintéressement ni de sacrifice pour subordonner l'utilité particulière à l'utilité générale. Les progrès mêmes de l'économie politique ont dissipé cette illusion. Comment méconnaître en effet, devant les événements de chaque jour, que l'harmonie des intérêts est seulement une harmonie finale, que l'équilibre des forces sociales est un simple objet d'espérance, et que, loin d'avoir atteint ce moment de calme où, par la lente influence d'une gravitation tout intime, les eaux agitées auront repris leur niveau, nous nous trouvons au plus fort de la tourmente économique et politique ? Bentham a beau nous dire : « Les hommes sont associés et non rivaux ; » ils sont associés sans doute, mais tant qu'un lien plus fort que l'intérêt ne les a pas unis, ils sont rivaux avant tout. Aussi les économistes anglais n'ont pas tardé à découvrir, sous les harmonies qu'ils avaient d'abord uniquement aperçues, de secrètes oppositions, qu'ont rendues manifestes Malthus, Ricardo, Stuart Mill lui-même. Tout n'est pas pour le mieux dans le monde économique : si tout y est régulier et nécessaire, il ne s'ensuit pas que cette nécessité soit toujours bienfaisante, et que la liberté morale n'ait point à corriger sans cesse les effets de la nécessité économique. La famine et la peste ont des lois régulières ; en sont-elles moins la peste et la famine ? Le principe de Malthus, qui, pour la société de jeunes réformateurs dont Stuart Mill, les deux Austin et Grote faisaient partie vers 1828, « était un drapeau et un signe de ralliement tout aussi bien qu'aucune des idées propres de Bentham, » est-il autre chose que la plus frappante expression et le résumé sensible de tous les antagonismes constatés par l'économie sociale ? Antagonisme, ce pas trop rapide de la population que s'efforce en vain d'atteindre la marche trop

lente des subsistances ; — antagonisme, cette rente du sol qui s'ac-
croît pour les possesseurs, selon le principe de Ricardo, à mesure
que diminuent pour eux et augmentent pour les autres les difficultés de la culture ; — antagonisme, cette lutte entre le travail du
passé, accumulé dans le capital, et le travail du présent, qui subit
et repousse tour à tour une loi finalement souveraine. Le vrai nom
de la concurrence des intérêts, c'est celui que Darwin applique
au règne animal, que MM. Bagehot et Spencer ont transporté au
règne humain : *struggle for life*, lutte pour la vie.

Dans l'état actuel de nos sociétés, non-seulement vous ne pouvez
posséder ce que je possède, mais ce que je possède vous empêche
vous-même de posséder. Un des théorèmes les plus désolants
qu'on rencontre dans les *Principes d'économie politique* de Stuart
Mill, c'est celui où, contrairement aux théories courantes sur le
luxe, il s'efforce de démontrer par raisons mathématiques que le
travail employé à produire le superflu des uns prive inévitable-
ment les autres du nécessaire, et que, le nécessaire même étant en
quantité insuffisante, la nourriture prise par un homme se trouve
prise à un autre homme. Cette thèse fût-elle exagérée, il demeure
vrai que l'économie sociale, séparée du droit naturel, produit le découragement plutôt qu'elle n'excite l'espérance ; n'avons-nous pas
vu les écoles allemandes fonder leur pessimisme sur les mêmes
lois économiques dont s'enchante l'optimisme anglais ? C'est qu'en
définitive l'économie politique étudie seulement ces harmonies extérieures et lointaines des intérêts qui n'empêchent pas leur opposition intime et immédiate. Les réformateurs utilitaires croient-ils,
parce qu'ils auront montré que le capital est une source de travail et que l'intérêt du pauvre est ainsi avec celui du riche dans un
rapport général de solidarité, avoir fait cesser tout conflit entre le
riche et le pauvre ? Solidaires aussi sont les plateaux d'une balance,
mais l'un s'abaisse quand l'autre s'élève. Quelque étroite que soit la
coopération entre les riches et les pauvres, la richesse est toujours
la richesse, la pauvreté est toujours la pauvreté ; l'une est en haut,
l'autre est en bas ; l'une jouit, l'autre souffre : tout est là.

Aussi Stuart Mill, ne pouvant se résoudre à admettre avec Adam
Smith l'harmonie naturelle et actuelle des intérêts, ne pouvant
d'autre part invoquer, pour établir l'accord entre les hommes, le
principe supérieur de la liberté morale et du droit, s'adresse en-

fin à une ressource déjà connue et mise en œuvre avec enthousiasme par Owen, « l'organisation sociale, » c'est-à-dire l'identification des intérêts de tous par des moyens artificiels. « Pour se rapprocher le plus possible de l'idéal, dit-il, la théorie utilitaire exige en premier lieu que les lois et l'organisation sociale mettent autant que possible le bonheur ou, pour parler plus pratiquement, l'intérêt de chacun en harmonie avec l'intérêt de tous. » Austin avait les mêmes vues : il regardait toutes les institutions existantes, tous les arrangements sociaux de notre temps, comme « purement provisoires, » et la nature humaine comme « étant d'une flexibilité indéfinie. » Quant à M. Spencer, nous avons vu de quelle façon séduisante il décrit l'identité finale des intérêts dans la société à venir : il présente à nos yeux cet âge d'or qui, selon Bacon, est devant nous, non derrière nous. Par malheur, nous sommes encore dans l'âge de fer ou, si on l'aime mieux, dans l'âge d'argent : est-ce donc le droit de l'âge d'or ou celui des temps actuels que doit constituer présentement la science sociale ? A-t-elle affaire à « l'homme définitif » de M. Spencer ou à l'homme « provisoire » de M. Austin, et la question n'est-elle pas de savoir si le principe de l'intérêt suffira pour transformer l'un dans l'autre ? Le socialisme nouveau auquel aboutit l'école anglaise ne peut accomplir tout d'un coup son prodige de la fusion des intérêts ; comment donc agiront en attendant et les sociétés et les individus ? Difficulté finale, qui se subdivise à son tour en deux questions : en premier lieu, si l'utilité est la seule mesure du droit, quelle garantie, dans l'état utilitaire, les droits de l'individu trouveront-ils contre l'état lui-même ? En second lieu, par quel artifice les utilitaires obtiendront-ils que chaque individu respecte les droits des autres ?

La personne humaine n'ayant point en soi, selon l'école anglaise, ce caractère sacré sur lequel la philosophie française a voulu fonder des droits inviolables, elle vaut seulement comme un moyen, un instrument, tout au plus un chiffre du bonheur total. De cette différence entre les principes des deux philosophies naissent leurs conceptions du droit divergentes. En France, nous ne nous figurons un droit que comme un pouvoir qui impose à autrui un devoir absolu de respect : ce caractère absolument respectable est incompatible avec l'essentielle relativité de l'utile. Quoique les Anglais parlent sans cesse de leur individualisme moderne en l'opposant à notre « communisme imité de l'antique, » leur jurisprudence et leur politique utilitaires ne confèrent à l'individu aucun titre qui ne soit conditionnel, temporaire, subordonné aux vicissitudes de l'intérêt général. Dans l'école française, le moi se pose devant autrui comme inviolable en droit ; dans l'école anglaise, le moi peut bien se montrer fort résistant en fait, mais théoriquement on le plie à toutes les exigences de l'intérêt général ; peut-être même est-ce parce que l'individu se sent peu garanti par les principes qu'il tient tant aux garanties de fait ; nous, souvent opprimés dans la réalité, nous cherchons un dernier abri dans les droits moraux que n'osent nier ceux même qui les violent. Si on peut nous reprocher l'opposition fréquente de nos idées et de notre histoire, ne peut-on en revanche éprouver quelque inquiétude pour le sort final réservé à l'individualité humaine par les sociétés qui se disent aujourd'hui individualistes, et qui ne laissent au droit de chacun d'autre protection que l'intérêt de tous ? La plus grande utilité, au sein de la société réelle, n'exigera-t-elle jamais qu'on enfreigne momentanément les lois idéales de la société parfaite ? Bien plus, supposons toutes les nations réunies en une seule et formant, comme l'espère M. Spencer, une république universelle, il n'est pas évident que l'intérêt de la génération présente sera toujours d'accord avec celui des générations à venir. Comment donc une utilité tout idéale pourrait-elle prévaloir sur l'utilité réelle ? L'essence de l'utilité, comme celle des faits, est non d'être conçue, mais d'exister, non d'être possible, mais d'être actuelle ; si elle n'est plus qu'un idéal, elle n'est plus rien.

Veut-on savoir jusqu'à quel point, en attendant la société idéale, seraient garantis et stables, dans un état exclusivement utilitaire, les droits d'un individu, d'une classe, d'une fraction de la société ? Voyez avec quel sérieux Bentham examine ce qu'il faudrait faire, s'il venait à être démontré que la réduction de tous les catholiques anglais en esclavage par les protestants et de tous les protestants irlandais par les catholiques assure « le plus grand bonheur du plus grand nombre d'hommes possible. » La conclusion est inévitable, « il faudrait immédiatement les réduire en esclavage. ». Bentham s'empresse d'ajouter, il est vrai, que l'hypothèse est inadmissible, que le malheur des esclaves produirait un excédent de peine, que cet excédant compenserait le surplus de bonheur, etc. Supposez, pourrait-on lui répondre, qu'au lieu de réduire tous les catholiques ou tous les protestants en esclavage il ne s'agisse que d'y réduire quelques hommes, ou même simplement de supprimer secrètement un seul homme, — vous par exemple, — le genre humain ne pourrait-il, tout compte fait, avoir plus de profit que de perte, et seriez-vous bien sûr de pouvoir démontrer chiffres en main votre droit de vivre ? Faible ressource pour la liberté individuelle que le hasard d'un tel calcul de profits et de pertes, auquel d'ailleurs excelle l'esprit anglais, non moins subtil dans le domaine des particularités que l'esprit allemand dans le domaine des généralités.

De même Bentham a beau soutenir au nom de l'utilité la liberté de conscience : ce droit, sauvegardé dans l'état idéal, ne serait guère plus en sûreté que les autres dans un état réel qui serait franchement utilitaire. Pour le croyant, il y a deux utilités, celle de la terre et celle du ciel : la seconde n'est-elle pas plus importante que la première ? Si ceux qui admettent une religion subordonnent tout dans un état à l'intérêt religieux, en vain Bentham et Grote pèseront les plaisirs et les peines comme ils le font dans leur livre sur *la Religion naturelle* ; qu'est-ce que le salut d'un jour comparé au salut éternel, et comment réfuter l'utilitarisme de l'autre monde par des calculs d'utilité terrestre ? Ce n'est peut-être pas sans raison que le souverain imaginé par Hobbes fait à son gré la vérité religieuse : il décrète que Dieu est, et Dieu est ; il décrète qu'il n'y a plus de Dieu, et Dieu n'est plus.

En somme, la jurisprudence utilitaire, quel que soit le libéralisme de ses partisans modernes, tend à faire de l'individu, comme dans les sociétés antiques, le simple serviteur de l'intérêt général. Cette tendance ne se manifestera-t-elle point à la fin dans les questions sociales proprement dites, où les recherches de l'école anglaise ont été d'ailleurs si fécondes ? Stuart Mill, dans son importante théorie de la propriété, oscille entre l'idée sûre du droit inhérent à la liberté même et l'idée instable d'un droit dérivant de l'intérêt social : cette oscillation ne fait que rendre sensible l'ambiguïté inhérente au principe même de l'utile. Stuart Mill accorde d'abord à l'individu un droit de propriété exclusive sur les produits de son travail personnel. La part qui revient au travail de l'individu, dit-il, « doit être respectée *absolument*. » Si l'état prive l'individu d'un de ses biens, « le droit à une compensation est *inaliénable*. » Ailleurs Stuart Mill

II. Le droit et l'intérêt d'après l'école anglaise contemporaine.

parle de « droits sacrés, » de « droits moraux, » qui appartiennent aux hommes « en tant que créatures humaines ; » ne sont-ce pas les termes de cette déclaration des droits de l'homme si vivement attaquée par Bentham ? C'est sur le même principe de droit proprement dit, joint d'ailleurs à des considérations d'intérêt, que Stuart Mill fonde sa critique souvent vigoureuse de la propriété foncière, qui se distingue essentiellement selon lui des autres sortes de propriété. « Les principes précédemment posés, dit-il, ne sauraient s'appliquer à ce qui n'est pas le produit du travail, la matière première de la terre ; » aucun homme n'a fait la terre ; elle est donc l'héritage primitif de tout le genre humain, *the originel inheritance of all mankind*. C'est pourquoi la propriété foncière ne peut plus être « absolue » chez l'individu, comme l'est une complète création de son travail ; des raisons d'utilité générale peuvent seules justifier la possession individuelle et exclusive du sol : « si la propriété privée de la terre n'est pas *utile*, elle est *injuste*… » — « Il est en quelque façon injuste qu'un homme soit venu au monde pour trouver tous les dons de la nature accaparés d'avance sans qu'il reste de place pour le nouveau-venu. » La propriété foncière a de plus un caractère spécial où Stuart Mill voit une violation du droit commun, de l'égalité dans la liberté : elle est et ne peut pas ne pas être un monopole naturel [5]. On connaît les dernières conclusions de Stuart Mill dans son *Programme of the land tenure reform association* : si l'état doit laisser intact le revenu du travail et du capital, il a le droit et le devoir d'atteindre le prix du monopole naturel ou la rente du sol proprement dite par l'établissement d'une taxe spéciale sur la propriété foncière, taxe qui restituerait à la société la part légitime de la société même dans la propriété de l'individu. Par-là Stuart Mill s'efforce de prendre une position intermédiaire entre les communistes qui nient toute propriété individuelle et les économistes qui considèrent comme absolue la propriété individuelle du sol. Ainsi se manifeste chez lui cette double tendance que nous avons déjà remarquée : tantôt il invoque des raisons de droit pur pour rendre à chacun ce qui. lui appartient, à l'individu ce que l'individu a créé par son travail individuel, à la société ce que la société a créé par son travail collectif et par son développement ; tantôt au contraire il semble qu'au nom de l'utilité publique il va détruire la propriété ou la rendre en quelque sorte taillable et corvéable à

Alfred Fouillée

merci. « Le droit des propriétaires à la propriété du sol, dit-il, est complètement subordonné à la police de l'état ; l'état a la liberté de traiter avec la propriété territoriale selon ce qui est exigé par les intérêts généraux de la société, et même, s'il le faut, d'en agir avec la propriété tout entière comme cela a lieu pour une partie toutes les fois qu'un bill est promulgué pour la construction d'un chemin de fer ou d'une nouvelle rade. » Si la tendance utilitaire était seule, rien n'empêcherait Stuart Mill d'aboutir au communisme pur, et il ne trouve de contre-poids que dans la reconnaissance d'un droit personnel de propriété qui se fonde sur des raisons toutes morales.

Même opinion mixte et quelque peu ambiguë de Stuart Mill dans le problème du droit à l'assistance, qui suit naturellement celui de la propriété. Stuart Mill admet ce droit reconnu par l'acte d'Elisabeth qui établit la taxe des pauvres. La société, dit-il, est composée principalement de ceux qui vivent du travail des mains, et si ces travailleurs prêtent leur force physique pour protéger les gens qui jouissent du superflu, ils ont le droit de ne les protéger « qu'à la condition que les taxes pourvoient aux dépenses d'utilité publique ; or, parmi les choses d'utilité, la subsistance du peuple est assurément la première. » Ici, comme on le voit, c'est la méthode utilitaire qui fournit les principes de la question ; mais Stuart Mill semble revenir à la considération de droit quand il ajoute : « comme personne n'est *responsable* de sa naissance, il n'est point de sacrifice pécuniaire trop grand pour ceux qui possèdent plus que le nécessaire, lorsqu'il s'agit d'assurer à tous ceux qui existent les moyens de vivre. » Toutefois ce droit à l'assistance ne saurait être absolu et inconditionnel ; Stuart Mill le limite et le subordonne à un devoir corrélatif des individus. Il faut tenir compte, dit-il, des lois de la population établies par Malthus ; si tout membre de la grande famille humaine a droit à une place au banquet que les efforts collectifs de son espèce ont préparé, il n'en résulte pas pour chacun « le droit d'inviter à ce banquet, sans le consentement de ses frères, des convives surnuméraires. » S'il en est qui agissent de la sorte, c'est sur la part qui leur revient que doit être prise, selon Stuart Mill, celle des nouveau-venus. « Il y a une moitié de la vérité du côté des doctrines socialistes, conclut Stuart Mill, et une moitié du côté opposé. Ces deux moitiés se rejoindront un jour. » Comment ? Stuart Mill ne le dit pas.

II. Le droit et l'intérêt d'après l'école anglaise contemporaine.

Éliminez les considérations vraiment morales et souvent justes que Stuart Mill emprunte, ce semble, à des doctrines très différentes de l'utilitarisme, tenez-vous à sa définition primitive du droit : « un pouvoir que la société est intéressée à accorder aux individus, » vous reconnaîtrez que le principe de l'utilitarisme est identique à celui du communisme, que c'est non pas seulement la propriété du sol, mais tout droit de propriété sur un objet quelconque qui se trouve logiquement remis à l'état, que l'organisation même de la famille, où Stuart Mill voudrait cependant avec raison plus de liberté, risque d'être à la merci de la communauté, et qu'enfin une société qui peut seule nous octroyer nos droits en vue de son intérêt peut aussi au nom de ce même intérêt nous les reprendre. Si la liberté, la conscience, la naissance et la vie même des individus se trouvaient entièrement subordonnées au plus grand bonheur du plus grand nombre, si la vérité comme la justice perdaient leur titre à un respect absolu, quelle prérogative personnelle pourrait échapper au sort commun de tous les droits ? Dans un état rigoureusement utilitaire, tant que l'idéal de la société définitive ne serait pas réalisé, tout serait provisoire pour l'individu ; la société présente ne lui concéderait que des droits sujets à caution, dont quelque concours particulier de circonstances pourrait toujours exiger le sacrifice ; il posséderait provisoirement, il serait libre provisoirement.

IV

Nous avons vu à l'œuvre la philosophie de l'intérêt dans cette sphère de l'état où, comme disait Platon, la justice et l'injustice se dessinent en traits dont la grandeur frappe mieux les regards. Après avoir examiné de quelle façon la société utilitaire pourrait agir envers l'individu, il nous reste à chercher comment agirait l'individu lui-même dès qu'entre son intérêt et celui des autres il y aurait conflit. Ici se pose devant l'école anglaise le problème fondamental du droit naturel sous la forme de cette inévitable alternative : ou la règle de l'intérêt particulier ou celle de l'intérêt universel ; entre l'égoïsme et le désintéressement, il faut choisir.

Stuart Mill et ses partisans sont des esprits trop généreux pour qu'on puisse douter de leur choix : « La philosophie utilitaire, dit

Alfred Fouillée

Stuart Mill, exige que l'individu placé entre son bien et celui des autres se montre aussi strictement impartial que le serait un spectateur bienveillant et désintéressé. » Ainsi s'introduit à la fin, dans la doctrine même de l'intérêt, le désintéressement dont on avait d'abord rejeté l'idée. Où Bentham ne voyait qu'une dépense infructueuse, on reconnaît une dépense nécessaire : pour épargner le bien de tous, ne faut-il pas que l'individu, le cas échéant, soit prodigue de soi ? En attendant cette organisation d'une société idéale où l'individu n'aura plus besoin de se sacrifier, la philosophie utilitaire elle-même « exige » actuellement qu'il se sacrifie ; pourra-t-elle, sans invoquer aucun principe moral, justifier cette exigence, et, par des raisons tirées du pur intérêt, ériger en devoir pour l'un, en droit pour l'autre le désintéressement ?

Le premier mobile, le premier ressort auquel s'adressent les utilitaires pour mettre en mouvement la machine humaine, c'est le plaisir, dont l'intérêt n'est, selon le terme barbare de Bentham, que la *maximisation* ; mais qu'est-ce qui fait la valeur du plaisir et l'élève vraiment au maximum ? C'est qu'on en jouisse. Le plaisir dont je ne jouis pas peut avoir de la valeur pour un autre ; il n'en a point pour moi. Si le plaisir seul donne aux choses leur prix et aux personnes leur droit, qui m'empêchera de chercher mon plaisir aux dépens du vôtre ? Le vôtre est-il plus respectable ? Qu'il soit sacré pour vous, je l'accorde ; mais ce qui est sacré pour moi, c'est le mien. Voudrez-vous me commander la dépense de mon plaisir au nom de l'arithmétique morale et par des raisons de quantité ? — L'intérêt universel représente sans doute une plus grande somme de plaisir, si je fais abstraction de moi-même ; mais, à mon point de vue propre, combien la chose est différente ! Autant j'abandonnerai en faveur d'autrui, autant diminuera mon « avoir. » Si le caissier d'une société contribue à la bonne gestion des affaires, le trésor commun augmente ; s'il détourne les fonds à son profit, le trésor commun diminue, mais à coup sûr son trésor particulier y gagne : posez en principe qu'il n'y a d'autre droit que l'intérêt transformé, quel raisonnement mathématique pourra, en cas d'impunité certaine, empêcher le caissier de fuir avec la caisse ?

Vous direz que la logique, d'accord avec l'arithmétique, défend à tout membre d'une association de séparer son intérêt et l'intérêt des autres. — Oui, quand il se considère théoriquement comme

II. Le droit et l'intérêt d'après l'école anglaise contemporaine.

membre de la société. A ce point de vue, mon intérêt se confond avec le vôtre ; le bien de l'individu en général ne se distingue plus du bien général ; mais je ne suis pas, moi, l'individu en général, je suis tel homme particulier, ayant son intérêt particulier et exclusif. Les logiciens même de l'école anglaise, fidèles au nominalisme traditionnel [6], nous apprennent que les règles universelles sont le pendant des fictions légales et que « le praticien sage doit toujours se guider d'après l'analyse du cas particulier, » Ainsi parle Stuart Mill dans sa *Logique inductive et déductive*. Si donc l'égoïsme individuel est illogique au point de vue des « généralités vagues, » il est seul logique au point de vue des faits positifs.

Invoquerez-vous enfin le contrat qui relie entre eux les membres de la société, et par lequel Hobbes espérait transformer le droit du plus fort dans le droit des plus nombreux ? — Autant la théorie du contrat sera féconde pour l'école française, qui admet préalablement le droit de l'individu, autant elle est stérile pour une école qui ne peut donner aux contrats que l'appui de la force. S'il n'y a de précieux en soi que l'intérêt, ces mots : « vous n'avez pas le droit de violer le contrat, » signifient seulement que le plus grand intérêt est de ne pas le violer. « Dans les cas, dit Bentham, où l'engagement devient onéreux à l'une des parties, on les tient liées encore par l'utilité générale des engagements ; » mais que m'importe cette utilité *générale* des contrats, si, dans le cas présent, le contrat que j'ai accepté m'est évidemment nuisible ? L'intérêt nous avait rapprochés, l'intérêt nous sépare.

La ressource qui resté aux utilitaires, c'est de demander la réalisation progressive du droit et de la société idéale, non plus à la libre abnégation de l'individu, mais à quelque nécessité dont l'individu serait incapable de s'affranchir. On peut en effet, en s'inspirant de M. Spencer, pousser leur doctrine plus loin et plus haut. Dans ses *Principes de psychologie*, M. Spencer nous fournit les ressorts du mécanisme par lequel les penchants égoïstes et « antisociaux, » répondant à l'intérêt de l'individu, se transformeront peu à peu en penchants sympathiques et sociaux, répondant à l'intérêt du milieu social, c'est-à-dire à la justice. De même que, dans le corps de l'individu, sous les lois de l'action réflexe, un membre ressent le mal fait à un autre membre, de même dans le corps social, qui est le milieu animé où nous nous développons, nous recevons fatalement le contre-coup du tort fait à autrui. Le principe secret de tout sentiment sympathique, selon M. Spencer, c'est le sentiment égoïste correspondant dont il a besoin pour se développer. Voyez comme les gens de bonne santé, après une sérieuse maladie, deviennent plus tendres pour les malades ! C'est qu'ils ont acquis les sentiments égoïstes qui, excités par sympathie, se changent en sentiments impersonnels. Ce qu'on nomme l'amour de la justice n'est peut-être que le résultat fatal d'un mécanisme analogue : le souci intéressé de ma « sphère d'activité personnelle » finit par exciter ma sympathie pour votre sphère semblable d'activité, et c'est là en effet, s'il faut en croire M. Spencer, l'origine psychologique du sentiment du droit. Le développement des sociétés passées et présentes en est à ses yeux la preuve : à l'un des extrêmes de l'histoire, nous voyons que le type de nature qui se soumet le plus facilement à l'esclavage est aussi le plus prêt à jouer, si l'occasion le sert, le rôle de tyran ; dans les sociétés intermédiaires, comme la société anglaise, « la tendance croissante à repousser l'agression s'accompagne d'une tendance décroissante à l'agression de la part de ceux qui sont au pouvoir. » Enfin, à l'autre extrémité, dans la société idéale, la sympathie sera tellement universelle qu'on ne concevra même plus la possibilité d'une action contraire à l'intérêt de tous ; le droit et la justice n'auront plus besoin des codes écrits par la main des hommes : les codes seront contenus dans les têtes humaines.

En attendant, l'égoïsme et la sympathie sont les deux facteurs indispensables du progrès : tantôt l'individu, avec sa concentration sur soi, tantôt la société, avec son mouvement d'expansion, remporte la victoire ; cette oscillation des deux penchants antagonistes, forces attractives et forces répulsives, est le rythme fondamental dont la formule cachée régit tous les autres phénomènes rythmiques de nos sociétés, — offre et demande, hausse et baisse des prix, abondance et disette, naissances et morts, révolutions et réactions, guerres et paix, — alternatives sans nombre qui font la vie du corps social, mouvantes ondulations qui ressemblent à la houle de l'océan. Cependant les lois de la mécanique universelle veulent que tout rythme aboutisse à un équilibre final. L'individu et la société, l'intérêt de chacun et l'intérêt de tous arriveront donc nécessairement à une mutuelle harmonie. Dans l'espoir de cet

II. Le droit et l'intérêt d'après l'école anglaise contemporaine.

avenir, résignons-nous aux oscillations présentes du rythme ; le vaisseau sur la mer s'élève et s'abaisse avec la vague, mais la force supérieure qui enfle ses voiles le fait néanmoins avancer. Tantôt le bien et le progrès, tantôt le mal et le recul, qu'importe ? La rétrogradation elle-même est un moment nécessaire, quoique transitoire, du progrès ; nous marchons malgré tout vers l'époque de liberté et d'égalité qui réalisera l'équilibre des tendances égoïstes et sympathiques. La même force se manifeste au commencement, au milieu et a la fin ; la nécessité est le but, la nécessité est le moyen : avons-nous besoin d'une autre puissance et d'un autre droit ?

Ainsi, par l'intermédiaire des plus hautes doctrines de M. Spencer, nous pouvons faire se rejoindre l'Allemagne et l'Angleterre, comme sur un même sommet atteint par diverses directions. Nous ramenons la philosophie de la force et la philosophie de l'intérêt à cette unité qu'elles avaient présentée tout d'abord dans le *Léviathan* de Hobbes ; mais Léviathan, cet être gigantesque dont les individus ne sont que des parties presque imperceptibles, n'est plus seulement la société, c'est toute la nature. La science moderne a démontré que l'être qui désire vivre doit s'adapter au milieu, bien plus, qu'il s'y adapte nécessairement ou périt. L'univers est le milieu mobile auquel s'adapte l'humanité ; l'humanité est le milieu auquel s'adapte l'individu ; la morale individuelle et le droit public ne font qu'exprimer les progrès successifs de cet ajustement, et posent à l'espèce humaine l'alternative que toutes les autres espèces subissent : avance ou meurs.

Nous avons tenté de conduire aussi loin qu'il était possible la philosophie du droit dans l'école utilitaire. La nécessité physique et sociale, à laquelle nous avons fini par recourir, sera-t-elle en effet assez irrésistible pour suppléer au respect moral du droit en faisant franchir à l'individu la distance que son intérêt place entre lui et les autres ?

Le mécanisme qui doit assurer le triomphe final des forces sympathiques et par cela même de la justice universelle peut se résumer scientifiquement en ces deux formules : dans le présent, antagonisme de l'individu et du milieu social, ou rythme de l'égoïsme et de la sympathie ; dans l'avenir, adaptation de l'individu au milieu social, ou équilibre de l'égoïsme et de la sympathie. Pour que de ce fonctionnement résulte le progrès du droit, il faut qu'au sein

Alfred Fouillée

de l'humanité les deux facteurs subsistent l'un en face de l'autre, et qu'il y ait même du côté des forces sympathiques un avantage propre à les faire prédominer ; c'est ce qui a déjà lieu dans la société présente, c'est ce qui justifie nos espérances dans la société à venir. Cependant, si le désintéressement peut aujourd'hui lutter contre l'intérêt, si même il va l'emportant de plus en plus dans cette lutte, n'est-ce pas parce que nous avons encore foi dans la vérité de l'idée morale pour laquelle nous travaillons ? Or la philosophie anglaise prend pour tâche de détruire l'illusion d'une fraternité vraiment morale comme celle d'un droit vraiment moral. Nous croyions que la sympathie digne de ce nom était un mouvement volontaire du cœur ; elle nous dit que c'est seulement une forme plus raffinée de l'action réflexe : j'ai mal à votre poitrine, je suis atteint dans votre liberté, mon égoïsme souffre dans votre égoïsme. Nous croyions agir, nous ne faisons que pâtir ensemble, et l'apparente initiative qui nous conduit vers nos semblables est la même force nécessaire qui nous ramène sans cesse à nous-mêmes. Le don que l'on pense faire à autrui, on ne le fait qu'à soi. Oui sans doute, si nous étions autre chose que ce mécanisme soumis à des lois fatales, si nous avions la conscience d'une volonté capable de prendre librement notre part des souffrances d'autrui, ce serait une vraie grandeur morale et par conséquent une vraie joie de mettre tout en commun, principalement les peines, et de s'écrier avec le poète anglais : « Hommes, du moins nous sympathisons, et souffrant de concert, nous rendons nos angoisses sans nombre plus faciles à supporter par la sympathie illimitée de tous avec tous ; » mais des êtres qui ne font que subir en commun une commune influence, recevoir le même choc d'une même fatalité, ne s'aiment pas plus entre eux que des instruments qui rendent à l'unisson des accords tantôt joyeux, tantôt tristes.

Qu'importe, dira-t-on, s'il en résulte dans la société humaine, par le progrès du temps, une harmonie non moins belle que celle de la nature ? — Beauté de forme, non de fond, qui disparaîtra dès qu'elle voudra se regarder elle-même. Toute illusion dissipée, pourra-t-il alors rester autre chose que l'égoïsme conscient de l'un devant l'égoïsme conscient de l'autre, et, entre les deux, un intervalle infranchissable ? Cette découverte du fond des choses aura bientôt changé l'attitude mutuelle des individus au sein de la so-

II. Le droit et l'intérêt d'après l'école anglaise contemporaine.

ciété. Dès que l'opposition des intérêts, qui persiste dans la réalité en attendant l'idéal, aura révélé à l'homme ce que sa sympathie lui coûte, dès qu'il aura compris que parfois, pour se mettre en harmonie avec le milieu, pour vibrer d'accord avec l'ensemble infini ses semblables dans le présent et dans l'avenir, il faut que l'instrument se tende au point de se briser lui-même, cette réflexion de l'intelligence lui rendra, avec la possession de soi, le calme du sentiment, et, arrêtant dès le début l'élan spontané de l'âme, ouvrira plus grand que jamais l'abîme qui séparait les personnalités. Or la doctrine utilitaire ne prétend pas être une doctrine secrète ; elle ne prétend pas cacher aux membres de la société future la source de la sympathie dans l'égoïsme. Le progrès des intelligences sera donc celui de la réflexion et de l'analyse, et le progrès de la réflexion compromettra le mécanisme savant par lequel l'école anglaise espérait assurer le triomphe de la force sympathique : du jour où nous verrons que nous sommes dupes, fût-ce de notre cœur, nous ne voudrons plus l'être.

Dès lors il n'y aura plus dans la société les deux forces antagonistes dont le rythme était nécessaire au progrès, car, la tendance sympathique ne pouvant subsister qu'à la condition de se croire opposée à la tendance égoïste, si l'un des adversaires s'aperçoit qu'il se bat contre lui-même, il s'empressera de se tourner ailleurs. Par-là se modifie le problème : l'un des deux termes qui semblait opposé à l'autre est venu s'y réduire ; la lutte est non plus celle de la sympathie contre l'égoïsme, mais celle de l'égoïsme contre l'égoïsme. Le surplus de force, l'avantage supérieur qui appartenait d'abord au penchant social passe du côté des penchants individuels : chacun recommence à se reconnaître comme son vrai centre à lui-même, à se chercher soi-même en profitant des autres quand ils l'aident, en leur résistant quand ils le gênent, jusqu'à ce que le plus fort ou le plus habile l'ait emporté. Or, c'est M. Spencer qui nous l'apprend, cette lutte des égoïsmes est la « caractéristique de la barbarie, » la marque infaillible à laquelle on reconnaît la prédominance des forces destructives sur les forces constitutives de la société, de la dissolution sur l'évolution. Toute poésie mise à part, l'adaptation de l'individu au milieu, sur laquelle on comptait, ne pourra ressembler qu'à l'arrangement physique déjà décrit par Montaigne quand il comparait les hommes à des cailloux qui, sous l'influence d'une agitation prolongée, se tassent d'eux-mêmes, se polissent mutuellement, se disposent en couches hiérarchiques, la foule des petits en bas, quelques gros par-dessus. Ajoutons qu'à force de les agiter et de les user l'un contre l'autre on finirait peut-être par les ramener à la même grosseur : voilà l'égalité et la fraternité d'une société régie par des lois purement mécaniques et purement utilitaires ; enfin, en poursuivant pendant un temps indéfini, on verrait le tout se réduire en poussière : image de la dissolution qui attendrait une société livrée au seul choc des égoïsmes.

Cette dissolution ne se ferait du reste que peu à peu ; les lois de mécanique sociale précédemment exposées continueraient de produire leurs effets, mais elles fonctionneraient en sens inverse du résultat qu'on espérait obtenir. Au lieu d'un rythme ascendant, grâce auquel une société attirée par l'idée morale du droit élèverait peu à peu ses institutions à la hauteur de sa pensée, on aurait le rythme descendant d'une société qui revient peu à peu de l'illusion du désintéressement, et qui, renonçant à s'élever sans cesse au-dessus d'elle-même, retombe sur soi ; rythme de la décadence plutôt que du progrès, ou peut-être, ce qui est étrange à dire, de la décadence morale dans le progrès scientifique. Ce dernier progrès lui-même, qui suppose les spéculations les plus éloignées de la pratique, s'arrêterait sans doute, et la préoccupation d'une science purement utilitaire finirait par rendre la science même immobile ; à force d'attacher, selon le précepte de Bacon, des poids de plomb à la pensée, on lui ferait perdre ses ailes. Cette chute aurait-elle un terme, et ce rythme d'affaissement aboutirait-il à un équilibre final ? Peut-être, mais à coup sûr ce ne serait plus celui que nous voulions atteindre : harmonie des intérêts par la sympathie de tous avec tous. Si quelque chose de régulier pouvait sortir de cette longue agitation humaine, ce serait seulement ce que Bentham demandait : « régularisation de l'égoïsme. » Encore est-il douteux qu'une règle vraiment stable pût sortir d'un jeu de sentiments qui consistent à rejeter toute règle morale. Si nos mécanismes artificiels finissent toujours par l'équilibre et le repos, il n'en est pas ainsi dans la nature, qui partout a réalisé le mouvement perpétuel, et qui n'accepterait le repos que si elle avait atteint la perfection. — Il faut, disions-nous, que l'espèce humaine, comme les autres, avance ou meure ; mais qui nous assure qu'en effet l'humanité, si elle ne réalise que l'idée encore inférieure de l'intérêt, ne doit pas un jour, semblable à ces espèces qui n'ont mérité qu'une existence provisoire, disparaître de l'univers ? Si nous voulons vivre, ce que nous devons réaliser en nous et autour de nous, n'est-ce point un idéal supérieur et pour ainsi dire plus digne d'éternité ?

Ici se pose de nouveau, et d'une manière inévitable, cette dernière question que nous avions réservée, de laquelle tout dépend au fond, à laquelle tout revient aboutir. Pour que la société conforme au droit, qui selon l'école utilitaire doit combler la distance entre les individus, soit réalisée par eux, il faut qu'ils la désirent ; mais, pour qu'ils la désirent, il faut qu'elle apparaisse comme vraiment désirable, et même comme le plus haut objet des désirs de l'humanité ; l'est-elle donc en définitive ?

Depuis l'époque où Mill avait lu pour la première fois Bentham, nous savons quel était le but de sa vie : « réformer le monde. » Un jour il lui arriva de se poser à lui-même directement cette question : « suppose que tous les objets voulus par toi se réalisent, que tous les changements désirés par toi dans les institutions et dans les opinions soient entièrement accomplis en cet instant même, éprouveras-tu une grande joie, seras-tu heureux ? — Non, me répondit nettement une voix intérieure à laquelle je ne pouvais résister ; je me sentis défaillir : toutes les fondations sur lesquelles ma vie était construite s'écroulèrent. » En proie dès lors à un long découragement, il se demandait s'il pouvait continuer à vivre, si même il était tenu de vivre. « Il n'est pas possible, répondais-je, que j'y puisse résister plus d'un an. Pourtant, avant que la moitié de ce temps fût écoulée, un rayon de soleil brilla dans mes ténèbres. » Il est un art dont l'effet le plus précieux, et par lequel il surpasse peut-être tous les autres, est d'exciter l'enthousiasme « en faisant monter encore le ton de nos sentiments les plus élevés ; » dans l'admiration désintéressée des chefs-d'œuvre de la musique, Stuart Mill trouvait déjà quelque adoucissement à son dégoût de l'existence ; mais ce qui mit fin à sa longue crise, ce fut une émotion toute morale ; Lisant par hasard les *Mémoires* de Marmontel, il arrive à ce passage où l'auteur raconte avec simplicité l'inspiration vraiment héroïque qu'il eut au lit de mort de son père. « Une image vivante de cette scène, dit Stuart Mill, passa devant moi, je fus ému jusqu'aux larmes ; dès ce moment le poids qui m'accablait fut allégé. » Dès ce moment aussi se modifièrent ses idées sur le bonheur que doit réaliser la société humaine : les plaisirs de la vie, quand on les cueille en passant, suffisent bien pour la rendre agréable ; mais essayez d'en faire le but principal de l'existence, ils ne supportent pas l'examen. « Demandez-vous si vous êtes heureux, et vous cessez de l'être. Pour être heureux, il n'est qu'un seul moyen : prendre pour but de la vie non le bonheur, mais quelque fin étrangère au bonheur. » Comment Stuart Mill ne s'aperçut-il pas que, du jour où ces réflexions avaient comme renouvelé son esprit, il avait dépassé la doctrine utilitaire de toute la distance qui sépare le désintéressement de l'intérêt ? Au lieu d'accuser cette doctrine de ses découragements, il accuse ce qu'il appelle « la force dissolvante de l'analyse. » La réflexion, dit-il, tue le sentiment. — Non, la réflexion ne détruit que les sentiments faux et les faux systèmes ; mais là où est la vérité on peut porter sans crainte la lumière : plus on l'éclairé et la regarde en face, plus elle apparaît ce qu'elle est, belle et digne d'être aimée. Cet amour de la justice qui aurait besoin des ténèbres, cet amour plus apparent que réel de l'humanité, sympathie instable, que suffirait à mettre en fuite la clarté intérieure, est-ce là le véritable amour ?

La question que Stuart Mill s'adressait à lui-même, on pourrait l'appliquer à l'humanité entière : supposez qu'elle ait atteint ce bonheur sans moralité, cet équilibre avec le milieu extérieur et avec la nature même, où les utilitaires placent sa perfection, éprouvera-t-elle une grande joie et sera-t-elle vraiment heureuse ? Si fort est le penchant des hommes pour la vérité, qu'ils ne veulent pas plus d'un bonheur faux que d'un amour aveugle. « En toute autre chose, disait Platon, nous pouvons nous contenter de l'apparence, mais quand il s'agit du bien, ce que nous voulons, c'est le bien même en sa vérité. » Ce bien vrai, une société utilitaire s'apercevrait qu'elle ne le possède pas. Représentons-nous l'humanité entièrement absorbée par la recherche des jouissances et entièrement satisfaite dans cette recherche même, réalisant ainsi en sa plénitude tout ce que peut contenir l'idée de l'utile et trouvant enfin la paix dans l'équilibre des intérêts réconciliés. On nous dit que nous sommes alors en présence de « l'humanité définitive, » qui ne fait plus qu'un avec la nature entière, et que le règne du droit est réalisé ; mais c'est en vain qu'on veut arrêter là l'essor de nos désirs : nous pouvons toujours dépasser cette humanité par la pensée, et la nature même demeure toujours inférieure à notre propre conscience. Dans la cité parfaite des utilitaires sommes-nous libres ? Non, nous n'avons qu'une liberté extérieure qui ne nous donne pas la conscience de notre dignité intime. Sommes-nous égaux ? Non, l'égalité matérielle des « parts de jouissance » dans la répartition sociale ne remplace point l'égalité de droit et de respect entre les personnes. Sommes-nous frères ? Non, nous pouvons agir comme si nous nous aimions ; nous ne pouvons-nous aimer : l'être soumis à des lois fatales, n'ayant pas de volonté à lui, ne saurait avoir de bienveillance pour les autres ; n'ayant point la possession de soi, il ne peut faire le don de soi. Selon l'école anglaise, la seule nécessité de la nature suffit à faire sortir de la chaleur solaire les forces minérales, de celles-ci les forces vitales, de celles-ci les forces humaines, de celles-ci la société, qui, en dernière analyse, n'est qu'une transformation du soleil ; si cette conception a sa grandeur, s'il est beau que le rayonnement de la lumière, grâce aux lois simples et fécondes du mouvement, soit devenu le rayonnement de la pensée, il serait plus beau encore, au lieu de cette existence et de cette splendeur empruntées au dehors, que la liberté morale, mettant en chacun de nous un foyer d'action personnelle, nous permît de vouloir par notre propre initiative, de briller par notre propre éclat, d'aimer par notre propre élan. Que tout espoir nous soit enlevé de cette vie vraiment libre dans un milieu libre, que les utilitaires parviennent à nous démontrer leur théorie, qu'ils persuadent à l'humanité qu'en épuisant l'idée de l'utile elle a épuisé sa propre puissance, atteint la plénitude de sa nature, réalisé la justice même : le dégoût de l'existence finira par envahir les âmes ; la société entière, contrainte de renoncer à ce qu'elle est obligée de vouloir, sentira peser sur elle cette maladie morale fréquente dans les pays trop exclusivement préoccupés des intérêts matériels, cette tristesse misanthropique qui, rendant insupportable la vue de l'égoïsme humain, entraîne l'esprit à chercher partout quelque chose de meilleur qui semble partout lui échapper.

La vraie félicité que tout homme poursuit est plus indépendante de la nature extérieure et même de la vie sociale que ne semblent le croire les philosophes utilitaires : elle a son principe en nous. Le rythme incessant de la vie, qui entraîne la société entière, est

Alfred Fouillée

aussi plus intime à l'individu : c'est l'effort sans cesse renouvelé par lequel, nous trouvant toujours au-dessous de nous-mêmes, nous nous élevons toujours plus haut que nous. Si le bonheur a pour condition « l'ajustement de l'être à son milieu extérieur, » une condition bien plus essentielle encore est l'ajustement de l'être à ce milieu intérieur qui est sa propre pensée concevant l'idéale justice ; si toute joie vient de l'harmonie et de l'équilibre, l'harmonie par excellence est celle de l'être avec soi et par cela même avec les autres ; l'équilibre vraiment final est l'union de la volonté avec l'idée la plus haute à laquelle elle aspire. Or cette idée, loin d'être celle de l'intérêt, est au contraire celle du désintéressement absolu. La perfection sociale digne de ce nom serait donc une harmonie non plus fatale, mais volontaire, de l'homme avec l'humanité à venir dont il porte en soi la pensée, et dès à présent avec l'humanité réelle au milieu de laquelle son activité se développe. La distance qui sépare chaque homme et de cette société avenir et des autres hommes présents devant lui, aucune transformation fatale de forces ou d'intérêts ne saurait la lui faire franchir : les moyens iraient contre le but, qui est le désintéressement et la liberté même. La philosophie utilitaire du droit nous laisse en présence de cette idée qu'elle déclare impossible, et que nous ne pouvons cependant ne pas désirer : le bonheur échappe en définitive à ceux qui n'ont voulu poursuivre que le bonheur.

Ainsi reparaît ce passage infranchissable auquel se trouvent amenés tous les systèmes qui cherchent le fondement de l'ordre social non dans le domaine de la liberté, mais dans celui de la nécessité et des formes diverses du déterminisme : force ou intérêt. Si l'homme n'est conduit que par des fatalités de toute sorte, il arrivera toujours un moment où le moi se verra arrêté devant autrui, devant l'humanité entière : c'est l'équivalent, dans l'ordre social et juridique, de cet autre passage qu'on rencontre dans l'ordre métaphysique et que la langue abstraite de la philosophie nomme la transition du moi au non-moi, du personnel à l'impersonnel. Tant que les systèmes ne sont pas venus jusque-là, ils peuvent à la rigueur se soutenir ; nous avons vu la philosophie de la force arriver au bord de cette espèce de vide, et la philosophie de l'intérêt à son tour est devant ce dernier pas : elle n'a pu démontrer que vous et moi nous sommes un par l'intérêt, et pourtant il faut que nous soyons un dans la justice.

II. Le droit et l'intérêt d'après l'école anglaise contemporaine.

Quelques perfectionnements que l'organisation sociale reçoive de
la jurisprudence et de la politique, nous restons toujours dépen-
dants de besoins qui se contredisent et éclatent en conflits ; nous
restons matériellement distincts les uns des autres, nous sommes
opposés, nous sommes ennemis. Je ne puis être identifié à vous que
par moi-même. Aussi est-ce avec raison que l'école française demandera à l'immédiate action de la liberté morale la solution que
l'école anglaise cherche encore dans les développements successifs
de la fatalité physique. Il faut qu'en moi je trouve une puissance qui
dépasse mon organisme, c'est-à-dire au fond mon égoïsme, et qui
puisse combler la distance de moi à autrui : ce désintéressement
est l'essence de ma liberté. Ce n'est pas tout : pour supprimer l'intervalle laissé par les intérêts, il ne suffit point qu'il y ait liberté en
moi, il faut qu'il y ait aussi liberté en vous. Si, de l'autre côté de ce
vide où finit ma personnalité et où la vôtre commence, il n'y avait
encore que la tyrannie du besoin, si votre nature n'était qu'égoïsme,
qu'y aurait-il en vous qui pût à mon égard vous conférer un droit,
et comment répondre à la question que faisait Hobbes : pourquoi
suivrais-je votre bon plaisir plutôt que le mien ?

L'école anglaise aura beau perfectionner l'intérêt, elle n'en fera
jamais une règle de désintéressement, un principe de droit. Sans
doute, en me désintéressant, je me fais encore un intérêt de votre
intérêt propre : on peut l'accorder à Stuart Mill et à M. Spencer ;
mais c'est volontairement que votre bien devient mon bien. Je ne
veux pas votre bien parce que l'organisation sociale en a fait le
mien : là réside l'utopie de l'école anglaise ; mais votre bien devient le mien parce que je le veux, et à ce prix pourra s'accomplir
la réorganisation de la société. Cet intérêt que nous nous faisons
spontanément à nous-mêmes peut seul mettre un terme à toutes
ces collisions soit entre individus, soit entre nations, dont les philosophes contemporains de la Grande-Bretagne voudraient hâter
la fin en faisant sortir de l'égoïsme même la sympathie et la justice.
Peuples ou hommes, l'égoïsme personnel nous ramènera toujours
les uns en face des autres comme des adversaires prêts à la lutte ;
mais, dans l'imminence d'un choc inévitable, demandant enfin à
l'initiative de nos volontés ce que nulle sympathie purement fatale,
ce que nulle contrainte sociale ou physique n'avait pu produire, et
élevant au-dessus de nous tous, comme une règle proposée à l'hu-

manité entière, l'idée d'un droit moral, ou, selon l'expression chère aux Anglais, d'une « loyauté » supérieure à l'intérêt et à la force, vous me tendez la main, je vous tends la mienne : c'est librement que nous nous sommes unis.

Notes

1.   Voyez, dans la Revue du 1er juin 1874, le Droit, la Force et le Génie d'après les écoles allemandes contemporaines.

2.   Stuart Mill, dans ses Mémoires, a bien signalé ce défaut de ses compatriotes, dont lui-même ne fut pas toujours exempt. Aussi, par contraste, il se rappelle avec plaisir ses séjours en France, où, dit-il, « des sentiments que l'on peut appeler élevés en comparaison marquent de leur cachet toutes les relations humaines, aussi bien dans les livres que dans la vie. » Chez l'Anglais, ajoute-t-il, « le manque d'intérêt pour les choses qui ne le touchent pas personnellement, » et ensuite, quand il lui arrive d'y prendre intérêt, l'habitude de ne pas le laisser paraître, bien plus, de ne pas se l'avouer à lui-même, « le réduit en tant qu'être spirituel à une espèce d'existence négative. »

3.   Voyez aussi le livre d'un disciple anonyme de Malthus et de Stuart Mill, qui, après un grand sucrés en Angleterre, a été traduit dans toutes les langues : Éléments de science sociale, religion physique, sexuelle et naturelle, traduit sur la septième édition anglaise (Baillière, 1869).

4.   De nos jours aussi la critique de l'école anglaise a dû se renouveler et a été perfectionnée, notamment par M. Wiart dans ses Principes de la morale considérée comme science (1862), par M. Renouvier dans sa Science de la morale (1869), par M. Janet dans sa Morale (1873), enfin par les travaux sortis d'un brillant concours sur la Morale utilitaire (1874). Nous devons le dire en toute justice, dans les pages qui vont suivre, principalement dans celles qui concernent M. Spencer et l'influence de la réflexion sur la sympathie, nous nous sommes plus d'une fois inspiré d'un de ces travaux encore inédit, mais destiné à une publication prochaine, œuvre d'un très jeune professeur a réservé à un bel avenir d'écrivain philosophe. » (Voyez les Comptes-rendus de l'Académie

II. Le droit et l'intérêt d'après l'école anglaise contemporaine.

des Sciences morales et politiques, octobre 1874.)

5.   « Il y a des choses, remarque Stuart Mill, qui ne peuvent devenir articles de commerce sans devenir nécessairement articles de monopole, les chemins de fer par exemple : si la ligne de Londres à Edimbourg élevait ses prix d'une manière exagérée, pourrait-on construire une nouvelle ligne de Londres à Edimbourg pour lui faire concurrence, et le monopole n'est-il pas ici inévitable ? Aussi l'état a-t-il un droit reconnu de limiter les profits et d'imposer une borne légale au prix du transport par voie ferrée. La terre, ajoute Stuart Mill, fait partie des monopoles naturels : la demande pour les terrains, en tout pays prospère, s'élève constamment, tandis que la quantité de terrains à vendre n'est susceptible que d'un accroissement très faible ; de là provient la rente, ce surplus de revenu qui ne correspond pas à un travail du propriétaire ou à un emploi de capital par ce propriétaire, mais simplement à une augmentation spontanée de la valeur des terres sous l'influence de raisons sociales. » Du principe de Ricardo, Stuart Mill tire cette conséquence, qu'une part de la rente revient de droit à la société, et que la société en est réellement propriétaire.

6.   Voyez l'Histoire de la Philosophie en Angleterre, par M. de Rémusat.

ISBN : 978-1548600976

www.ingramcontent.com/pod-product-compliance
Lightning Source LLC
Chambersburg PA
CBHW071724170526
45165CB00005B/2150